Philipp Joseph Geyer

Studien über tragische Kunst

Zweiter Teil

Philipp Joseph Geyer

Studien über tragische Kunst
Zweiter Teil

ISBN/EAN: 9783743630611

Hergestellt in Europa, USA, Kanada, Australien, Japan

Cover: Foto ©Thomas Meinert / pixelio.de

Weitere Bücher finden Sie auf **www.hansebooks.com**

Studien

über

Tragische Kunst

von

Philipp Joseph Geyer.

II.

Die aristotelische Theorie der Kunst überhaupt
und der tragischen insbesondere.

Leipzig,
T. O. Weigel.
1861.

Vorwort.

Hier ist der zweite Theil der Studien. — Der Vorwurf, daß ich meine Erklärung der Katharsis und der tragischen Kunst, bevor ich sie gab, nicht gehörig überdachte, wird mich, auch wenn sie irrig wäre, danach schwerlich treffen. Es scheint aber im Gegentheil die Frage erledigt zu sein. „Auf die Ehre einer tiefern Einsicht mache ich deßfalls keinen Anspruch. Ich will mich mit der Ehre einer größern Bescheidenheit gegen einen Philosophen wie Aristoteles begnügen." — Credo ut intelligam. — Ich bin überzeugt, daß wir auf ihn in gar vielen Stücken wieder zurückgehen müssen und daß all der schauerliche Plunder, womit unsere moderne Philosophie sich breit macht, zusammenstürzen wird, sobald wir eine wahre und vollkommene Einsicht in den Geist dieses einzigen Philosophen erlangt haben. Kann ich durch diese Schrift einen oder den andern meiner vernünftigen und unparteiischen Leser für diese Ueberzeugung gewinnen, so soll mich ein bischen Anfeindung von der andern Seite durchaus nicht verdrießen. Damit will ich schon fertig werden.

Im September 1860.

Der Verfasser.

I.

Von der Nachahmung.*)

Aristoteles nennt gleich am Eingang der Poetik eine Eigenschaft der Kunst, welche unsere Philosophen in der Allgemeinheit und Bedeutung, in der sie Aristoteles ausspricht, durchaus nicht an ihr finden können. **Alle Künste**, sagt Aristoteles, **sind Nachahmungen**. Nachahmungen? Es ist wahr, meint W. A. von Schlegel, die Skulptur, die Malerei und gewisse Gattungen der Dichtkunst, wie z. B. das Drama, sind ohnstreitig nachahmender Natur. Man würde aber, fährt er fort, offenbar irren, wenn man die Nachahmung als allgemeine Eigenschaft der Kunst überhaupt betrachten und daraus, wie Aristoteles gethan, ein wesentliches Merkmal derselben machen wollte. Denn wie soll z. B. die Redekunst

---

*) Es versteht sich von selbst, daß ich hier sowohl, wie im Capitel vom Schönen nicht in alle Einzelheiten eingehen, sondern bloß die Fundamentalsätze aufstellen kann. Eine weitere Ausführung bleibt einer spätern Schrift vorbehalten.

ober die Lyrik nachahmend sein können? „Und überhaupt müßte, wenn die Kunst nachahmend wäre, das Wesen derselben in der Täuschung und nicht in dem spielenden Schein bestehen, auf welchem der Kunstgenuß beruht."

Schlegel war ohnstreitig ein Mann von Geist und feinem Geschmack; aber die Gründlichkeit läßt er öfter als billig vermissen. Also glaubt er auch hier die Lanze einlegen zu müssen, nur schade! daß er wieder einmal an Windmühlen und nicht an den Aristoteles geräth. Das Wesen der Kunst soll im Schein und nicht in der Täuschung bestehen? Dies ist grundfalsch, und wenn Schlegel nur ein klein wenig hätte nachdenken wollen, so hätte er finden müssen, daß gerade an der Redekunst, an welcher er die Nachahmung leugnet, die Täuschung ein so allgemein angewandtes Kriterium der Schönheit sei, daß sie beim gemeinen Mann die Stelle aller andern vertritt. Da also die Schönheit der Rede, der Erfahrung gemäß, auf der Täuschung beruht, diese hingegen eine Folge der Nachahmung ist, so wäre leicht zu finden gewesen, nicht nur daß, sondern auch in wiefern die Redekunst wirklich nachahmt.

Kurz, ich behaupte es gibt nichts Wahreres als jenen Satz des Aristoteles und die Nachahmung ist wirklich eine allgemeine, also wesentliche Eigenschaft der Kunst. Ich behaupte noch mehr. Die Nachahmung, sage ich, ist nicht nur eine wesentliche Eigenschaft der Kunst, sie ist auch — o des Scharfsinns unserer Philosophen, die dieses nicht erkennen! — die **charakteristische** derselben. Die Nachahmung und ganz allein die Nachahmung macht den positiven Unterschied zwischen Kunst und Wissenschaft.

Ich will also zeigen, worin die Nachahmung in den

einzelnen Künsten besteht, und werde mit der Geschicht=
schreibung anfangen. Denn die Malerei und Plastik tragen
sie ohnedies so offenbar an der Stirne, daß sie selbst Schlegel
an ihnen zu verkennen nicht im Stande war. Auch die Ge=
schichtschreibung zeigt diesen Charakter noch deutlich genug,
um eine weitere Auseinandersetzung nicht gerade für noth=
wendig erscheinen zu lassen. Weil aber eben die Historie als
Beispiel dessen dienen kann, worin Kunst und Wissenschaft
auseinandergehen, und weil ferner diese Erörterung zur Be=
gründung des mißverstandenen Urtheils dient, welches bekannt=
lich Aristoteles über die Geschichtschreibung fällt, so will ich
hierauf mit einigen Worten eingehen.

Aristoteles gibt nämlich der Dichtkunst den Vorzug vor
der Geschichtschreibung. Warum? „Die Dichtkunst", sagt er,
„ist philosophischer und lehrreicher als die Historie, weil sie
auf das Allgemeine, diese aber auf das Besondere geht. Das
Allgemeine aber ist, was Einer vermöge eines gewissen Cha=
rakters nach der Wahrscheinlichkeit redet oder thut. Dieses
Allgemeine ist der Endzweck der Dichtkunst, auch wenn sie
den Personen besondere Namen· beilegt. Etwas Besonderes
aber ist, was z. B. Alcibiades gethan oder gelitten hat."

Dies wollen unsere Leute nicht wahr haben. Zu einem
tüchtigen Historiker, meinen sie, gehöre mindestens ebenso viel
Philosophie wie zur Dichtkunst, und die Wichtigkeit der philo=
sophischen Anschauungsweise für die Geschichte erst beweisen
zu wollen, heiße Eulen nach Athen tragen.

Alles dies gebe ich zu, gleichwohl aber ändert es Nichts
an dem Urtheile des Aristoteles. Dieser ganze Einwand be=
ruht vielmehr auf einer Confusion der Begriffe von Geschicht=
schreibung und Geschichtforschung. Aristoteles redet bloß von

jener, die wirklich mit der Philosophie gar nichts zu schaffen hat. Man kann ein vollkommen guter Geschichtschreiber sein, ohne im mindesten philosophischen Geist zu besitzen. Dazu braucht's nichts weiter als die Beobachtungs- und Darstellungsgabe, vermittelst deren man die Ereignisse, wie man sie wirklich geschehen sieht, auffaßt und wiedergibt. Die Geschichtschreibung ist also in der That eine bloße Nachahmung.

Dies setzt freilich voraus, daß der Geschichtschreiber die Ereignisse, die er beschreibt, entweder selbst erlebt oder durch Hörensagen, oder Urkunden insoweit kennt, daß er eine vollkommene Einsicht in den ganzen Verlauf derselben hat. Ist dies der Fall nicht, kennt der Geschichtschreiber die Vorfälle aus eigner Anschauung, oder aus urkundlichen Quellen, oder sonst woher nicht genau und vollständig, so kann er sie natürlich auch nicht nachahmen, und will er trotzdem dergleichen Dinge beschreiben, so muß er die Philosophie mit ihren Schlüssen und Lehren zu Hilfe rufen, um aus dem Bekannten das Unbekannte, aus den einzelnen Erscheinungen ihren gemeinsamen Zusammenhang mit allen ihren Ursachen und Wirkungen zu erschließen. Während dessen aber ist er nicht Geschichtschreiber sondern Geschichtsforscher, und als solcher kann er allerdings der Philosophie nicht entrathen. Er wird vielmehr ein um so größerer Historiker sein, ein je größerer Philosoph er ist.

Die Geschichtschreibung dagegen fängt erst dann an, wenn die Forschung beendet, und die Kenntniß der Ereignisse vollständig vorhanden ist. Wie diese Kenntniß selber zu Stande kommt, ob durch unmittelbare Anschauung oder durch Forschung, hat auf die Geschichtschreibung gar keinen Bezug, dies ist bloß Sache des Historikers als Individuums. Bedurfte dieser oder jener Historiker, weil ihm seine Lebensumstände eine unmittelbare Einsicht in den Verlauf der Ereignisse nicht gestatteten, zur Beschaffung derselben und somit zur Herstellung seines Kunstwerkes der Philosophie, so konnte ein Anderer, der jene Kenntniß bloß aus der Erfahrung hatte, ganz dasselbe Kunstwerk ohne alle Pilosophie zu Stande gebracht haben, vorausgesetzt, daß beide die gleichen künstlerischen Fähigkeiten besitzen. Da also ein und dasselbe historische Kunstwerk ebenso gut ohne als mit Philosophie hätte zu Stande kommen können, so kann diese auf die Kunst der Geschichtschreibung keinen Einfluß haben und derselben sonach auch nicht zugeschrieben werden.

In der Dichtkunst hingegen ist die Sache ganz anders. Denn das Wort „dichten" sagt schon, daß wir nicht etwas darstellen wie es war, sondern wie es sein würde, und da eine solche Kenntniß nicht das Ergebniß unmittelbarer spezieller Beobachtung, sondern die Folge der aus der allgemeinen Erfahrung gezogenen und auf diesen speziellen Fall angewandten, also philosophischen Schlüsse ist, so muß es mit dem Urtheil des Aristoteles, daß die Dichtkunst philosophischer sei als die Geschichtschreibung, seine vollkommene Richtigkeit haben.

Das ist klar. Betrachten wir also die Redekunst. Worin besteht hier die Nachahmung? Ich meine dies sei ganz leicht zu finden. Was soll denn die Rede? Ueberzeugen. Was wird sie also nachahmen? Was anders, als dasjenige wovon sie uns überzeugen will. Wenn Demosthenes seine Athener überzeugen will, daß das Vaterland in Gefahr sei, was wird er thun? Er wird die Lage desselben nach der Seite hin, wo es in Gefahr ist, vorstellen, wird die Schwächen und Blößen einerseits und den gefahrdrohenden

Umstand andrerseits schildern, abbilden, nachahmen. — Und
da Aeschines vom Gegentheil überzeugen will, thut er nicht
eben dasselbe? Gewiß! Auch er schildert, auch er ahmt
nach, ebenso gut wie Demosthenes, nur nach der entgegengesetzten Seite. Hat jener das Drohende an den Verhält-
nissen herausgekehrt, so zeigt dieser die harmlose und sichere
Seite derselben. Immer aber ahmt er nach, weil er schildert.

Aus dem Begriff der Nachahmung folgt, daß die Redekunst niemals zeigen könne ob etwas ist oder nicht ist, sondern bloß ob das was ist, in dieser oder jener Beziehung so oder
anders ist. Jenes dagegen ist Aufgabe der Wissenschaft und
nicht der Kunst. Die Kunst beantwortet das Wie? Die
Wissenschaft das Warum? Der Redner braucht den Athenern
bloß zu zeigen, daß sie in dieser oder jener Lage sind, warum
sie aber hineinkamen ist nicht seine Sache, sondern die des
Philosophen. Die Philosophie, die Schlüsse, die Syllogismen,
stehen zur Redekunst in demselben Verhältniß wie zur Geschichtschreibung. Sobald der Redner anfängt Schlüsse zu
ziehen ist er nicht Redner; als solcher hat er nichts weiter zu
thun, als die Sache so darzustellen, daß dem Zuhörer der
Schluß, den der Redner haben will, nothwendig von selbst
kommt, und daß es ganz gleichgültig bleibt ob ihn der Redner ausspricht oder nicht. Gerade so ist es mit der Geschichte.
Die Geschichtschreibung darf uns von der Wahrheit ihrer
Auffassung nicht durch ein philosophisches Raisonnement belehren — denn wo sie dieses thut, ist sie Philosophie und
nicht Geschichtschreibung — sie muß vielmehr die persönliche
Auffassung des Historikers so in die darzustellende Entwickelung der Ereignisse zu legen verstehen, daß wir niemals den
Geschichtschreiber reden hören, und dennoch die nämliche Auf-

faſſung des Ganzen haben, wie er ſelber. Dies nennt man bekanntlich **Objectivität**. Da alſo die Objectivität auf der Nachhmung, auf dieſer aber das Weſen der Kunſt beruht, ſo muß die Objectivität nothwendiges und weſentliches Erforderniß eines jeden Kunſtwerkes ſein. Die Objectivität iſt das erſte, allgemeinſte, und das Fundamentalgeſetz der Kunſt, und von der ungemeinen Wirkſamkeit derſelben belehrt uns das Gefühl zu jeder Stunde. Allein man kann dieſe Wirkung weder ſchätzen, noch begreifen, noch erklären, ſo lange man nicht weiß, daß die Kunſt nachahmend iſt.

Alles dies, die Nachahmung ſowohl wie die Unerläßlichkeit der Objectivität zeigt ſich an der Lyrik womöglich noch augenfälliger als an der Redekunſt. Die Lyrik iſt ſo offenbar nachahmend, daß ich nicht begreifen kann, wie man nur daran zu zweifeln und dieſe einfache Wahrheit nicht auf der Stelle zu erkennen vermochte. Freilich darf man nicht, wie es heutzutage gäng und gäbe iſt, der ſchiefen Anſicht ſein, daß das Geſchäft des Lyrikers in der Aeußerung ſeiner Empfindungen beſtehe. Dies iſt ganz unrichtig. Was kümmern mich denn die Empfindungen, wenn ich ihre Gründe und Veranlaſſungen nicht kenne. Einen Menſchen, der mir bloß ſeine Empfindungen ſagen wollte, und nicht zugleich worüber er ſie empfindet, werde ich nicht als Lyriker, ſondern als lächerlichen Narren betrachten. Was muß alſo der Lyriker thun? Er ſoll und muß nichts weiter thun, als die Gegenſtände oder Ereigniſſe in der Stellung, in der ſie ihm dieſe Empfindung erregten, treffend und präcis abbilden, nachahmen. Iſt dies geſchehen und haben wir die Sache oder den Vorfall wirklich in der Geſtalt vor Augen, in welcher ſie die

Empfindung im Dichter hervorbrachte, so muß eben diese Empfindung natürlich auch in uns zum Vorschein kommen, wenn auch der Dichter selbst sie gar nicht ausspricht. Doch kann und darf auch der Dichter dieselben formuliren, nur muß er zuvor der Nachahmung Rechnung getragen haben, weil wir andernfalls seine Empfindungen nicht begreifen, geschweige theilen könnten.

Das dichterische Genie oder die **Phantasie** ist demnach Nichts Anderes, als das Vermögen Dinge und Verhältnisse, an denen Unsereiner vielleicht ganz gleichgültig vorübergeht, von einer Seite zu erblicken und aufzufassen, von welcher aus wahrgenommen sie nothwendig in allen Menschen Gefühle erregen müssen. Die Kunst*) dagegen liegt darin, daß der Dichter gerade den Punkt am Gegenstand oder am Vorfall, der ihm die Empfindung veranlaßte, schildert, und zwar so genau, treffend und lebendig als nur immer möglich schildert.

Auch folgt hieraus der große Vorzug der lyrischen Objectivität, weil die subjective Formulirung der Empfindung, wenn sie nicht selbst ein Moment enthält, wodurch die Nachahmung vervollständigt wird, zum Mindesten überflüssig, wenn nicht gar abschwächend oder störend ist. Eine gute objective Lyrik ist eben durch die Objectivität gezwungen immer neue Gegenstände, oder an diesen neue Seiten zu zeigen und dadurch das Gefühl stets lebendig zu halten. Die antike Lyrik ist durchaus objectiv. Jeder Chor des Sophokles, jede Ode des Pindar beweisen es.

Dies ist die Lehre von der Nachahmung, eine so einfache und zugleich so ungemein wichtige Lehre, daß man sich nicht

---

*) resp. die Kunstfertigkeit.

genug verwundern kann, wie sie so ganz verkannt und miß‑
verstanden werden konnte. Einem Griechen glaube ich würde
an so etwas zu zweifeln gar nicht eingefallen sein. Aristote‑
les muß die weitere Ausführung ganz für überflüssig gehalten
und die Sache als Axiom behandelt haben.

II.

Vom Schönen.

1.

Verhältniß der Definition zur Wissenschaft. — Eintheilung.

Wer jemals aus unsern modernen Aesthetiken*) über
das Wesen des Schönen sich zu belehren versuchte, der muß,
glaube ich, unfehlbar der Ansicht geworden sein, daß vom
Schönen das Wort des Gorgias zu gelten scheine: es sei
entweder nicht, oder wenn es sei, so sei es nicht erkennbar,
und wenn erkennbar, sei es doch nicht definirbar. Ich kann

---

*) Was ich hierüber urtheile bezieht sich natürlich nur auf das Sy‑
stem. Ein feines und richtiges Gefühl für das Schöne, sowie geistreiche
Auffassung und Auslegung von Einzelheiten soll ihnen von meiner Seite
nicht abgesprochen werden. In dieser Beziehung haben wir wirklich sehr
vortreffliche und lesenswerthe Werke. Nur mit ihrer philosophischen
Begründung sollen sie uns verschonen.

mich hier unmöglich mit einer Kritik des einen oder des andern ästhetischen Systems befassen. Um jedoch dem Leser einen Begriff zu geben, wessen er sich von jener Seite zu versehen hat, will ich das größte, wollte sagen, dickste moderne Werk über Aesthetik hernehmen und bloß den allerersten Satz desselben ein ganz klein wenig kritisiren. Dort handelt es sich nämlich um Aufstellung der Definition des Schönen. Eine Definition, eine exacte Begriffsbestimmung ist immer von höchster Wichtigkeit, sie ist das Endziel jeder Wissenschaft, und wenn wir von allen Erscheinungen und Dingen richtige Definitionen, richtige Begriffe besäßen, so müßten wir, meine ich, eben dadurch auch alle Wissenschaft haben. Nun weiß der Leser so gut wie ich, daß unsern modernen Philosophen die Fähigkeit eine practicable Definition zu geben fast ganz abhanden gekommen ist. Man kann Volumina durchlesen, ohne eine einzige zu finden, und schon aus diesem Gesichtspunkt wird ein Vergleich zwischen antiker und moderner Philosophie nicht zum Vortheile der letztern ausfallen. Indeß, ich will dies unsern Philosophen nicht einmal anrechnen. Sie sollen meinetwegen ihren großen Geist zu andern Dingen berufen glauben und eine Definition für altmodisch, unwesentlich und entbehrlich halten. Wenn sie aber kommen und gegen die Begriffsbestimmungen solch schale Gründe vorbringen, dergleichen man an erwähnter Stelle zu lesen Gelegenheit hat, so mögen sie uns wohl verzeihen, wenn wir ihnen ins Gesicht lachen und ihre Logik ein wenig an den Pranger stellen.

Der genannte Aesthetiker also und noch gar manche andere entschuldigen ihre Unfähigkeit eine Definition des Schönen zu geben, folgendermaßen:

„Definitionen", sagt er, „sind überhaupt prekären Charakters. Eine Definition ist die erste Auflösung eines wissenschaftlichen Namens in einen Satz. Dieser Satz fordert eine weitere Auflösung u. s. f. bis die Wissenschaft durchgeführt ist, und nur diese selbst ist die Definition ihres Namens. Die sogenannte Definition hat daher nur den Werth einer Abbreviatur, welche für denjenigen brauchbar ist, der sie als Keim des sich entwickelnden, oder als zusammenfassenden Schluß des entwickelten Systems begreift."

O der feinen Logik! o des wunderbaren Scharfsinns! der so etwas schreiben kann.

Die Wissenschaft ist die Definition ihres Namens? Ich glaube es ist keiner unter meinen Lesern, der die Unwahrheit dieses Satzes nicht auf der Stelle fühlen sollte. Wenn die Wissenschaft die Definition ihres Namens ist, so ist die Aesthetik als Wissenschaft des Schönen die Definition von Schön. Also, meint unser Aesthetiker, müsse uns die Wissenschaft des Schönen den Begriff von „Schön" geben, oder lehren, was schön sei. Nichts kann unwahrer und verkehrter sein als das. Dies ist gerade der nämliche Irrthum, wie wenn man sagen wollte, die Mechanik, die Lehre von der Bewegung, solle uns den Begriff der Bewegung geben. Ich meine, um den ersten Gedanken an eine Wissenschaft der Bewegung fassen zu können, müsse vor Allem dieser Begriff selber vorhanden sein. Est dann, wenn dieser da ist, beginnt die Wissenschaft. Worin besteht aber diese? Sie besteht darin, daß sie diesen Begriff der Bewegung auf andere, z. B. auf den der Schwere, des Widerstandes, der Reibung u. s. w. anwendet, damit combinirt, aus dieser Combination Schlüsse, d. i. neue Begriffe, neue Definitionen zieht, die wir aber, weil sie sämmtlich zur Bewegung gehören und diese nur in besondern Zuständen definiren, nicht Definitionen sondern Gesetze der Bewegung heißen. Die Verschiedenheit des Begriffs also, den eine Wissenschaft mit beliebigen andern zu vergleichen hat, macht die Verschiedenheit in der Benennung der Wissenschaften aus. Wir reden von Mechanik, Mathematik, Aesthetik, als von Wissenschaft der Größen, der Bewegung, des Schönen, weil die eine den Begriff der Größe, die andere den der Bewegung, die dritte den vom Schönen mit beliebigen andern vergleichen soll. Ihrem Wesen nach sind alle Wissenschaften ein und dasselbe, sie sind ein Vergleichen und Schließen, ein Erschließen des Unbekannten aus Bekanntem, sind mit andern Worten Logik und tragen nur wegen jener ausschließlichen Anwendung eines speziellen Begriffs auf beliebige andere, spezielle Namen, während die Logik selber bloß das Wesen des Schlusses zum Gegenstand hat, d. h. nicht einen bestimmten Begriff mit beliebigen andern, sondern beliebige mit beliebigen combiniren lehrt.

Da also jede spezielle Wissenschaft, eben weil sie speziell ist, immer einen und denselben Begriff mit beliebigen andern vergleicht, so kann eine Vergleichung, in der dieser spezielle Begriff nicht als Vergleichungspunkt auftritt, auch nicht in jene spezielle Wissenschaft gehören. Da ferner jede Begriffsbestimmung, wenn sie in die Wissenschaft von ihrem Begriff gehören könnte, aus der Combination ihres eignen Begriffs mit andern entstehen müßte, da sie aber in Wirklichkeit aus der Combination von bloß andern Begriffen entsteht, so kann natürlich die Wissenschaft von einem Begriff niemals diesen selbst zu Stande bringen, muß ihn vielmehr immer voraussetzen. Die Definition, die an der Spitze einer Wissenschaft steht, muß entweder aus einer andern Wissenschaft oder aus der allgemeinen Logik geschöpft sein. Dieses letztere ist beim Schönen der Fall, weil das Schöne ein Erfahrungsbegriff ist, der immer nur durch eine allgemein logische Untersuchung gefunden wird. Man kann dieser Untersuchung allerdings einen speziellen Namen geben — und ich will sie Heuristik heißen — nur darf man sie nicht Wissenschaft vom Schönen und überhaupt nicht Wissenschaft nennen, eben weil sie nicht systematisch einen gewissen Begriff mit beliebigen andern vergleicht und daraus den vom Schönen zu Stande bringt, sondern weil sie bloß beliebige Gegenstände, die diese Eigenschaft erfahrungsgemäß haben, mit einander combinirt und so den Begriff des Schönen abstrahirt; sie ist mit andern Worten nichts mehr und nichts weniger als eben eine Untersuchung.

Welch colossaler Irrthum also, zu sagen, die Wissenschaft solle die Definition ihres Namens sein! Und was redete unser Aesthetiker erst von Ableitung der Wissenschaft aus Auflösung durch Auflösung, d. i. aus der Definition durch Definition. Wie soll da z. B. die Mechanik zu Stande kommen? Der Begriff Mechanik würde aufgelöst in den Begriff Bewegung, dieser in die Begriffe Raum und Zeit, diese wieder in andere ganz fremde Begriffe, kurz man würde vom zehnten ins hundertste, vom hundertsten ins tausendste gerathen, niemals aber damit sich beschäftigen, womit man sollte. Wahrlich der Mann, der so etwas behaupten kann, muß weder von Wissenschaft noch von Definition einen Begriff gehabt haben, und wenn der allererste Satz, wenn das Haupt seines großmächtigen Werkes so über alle Maßen vortrefflich ist, wie wird es mit den Gliedern stehen? Aber fort! fort mit dem Zeug!

ich würde mich nicht so lange dabei aufgehalten haben, wenn nicht eben diese Leute es wären, welche dem Aristoteles über den Kopf gewachsen zu sein und ihm aller Orten Eins versetzen zu müssen glauben.

Ich theile die Abhandlung über das Schöne ein: 1) in die Heuristik und 2) in die Wissenschaft desselben. Diese letztere zerfällt in die Anwendung des Begriffs des Schönen a. auf das Subject (Aesthetik), b. auf das Object (Kunstlehre).

III.

Fortsetzung.

2.

Heuristik des Schönen.

Da das Schöne ein Erfahrungsbegriff ist, so müßte ich anerkannt schöne Erscheinungen und Dinge hernehmen und ihn davon zu abstrahiren suchen. Ich habe aber den Begriff bereits da und schlage daher das umgekehrte Verfahren ein, Ich stelle die Definition auf und erkläre sie; in der Lehre von der Kunst werde ich sie auf einige Beispiele anwenden.

Doch zuvor noch einige Worte über die Kantische Definition. Unter den ältern Begriffsbestimmungen des Schönen ist diese die einfachste und klarste. „Schön", sagt Kant,

„ist Alles, was ohne Interesse gefällt." Dieser Satz ist wahr, und auch nicht wahr. Er ist wahr, weil Alles, was ohne Interesse gefällt, wirklich schön ist. Als Definition dagegen ist er falsch, weil nicht Alles, was schön ist, auch ohne Interesse zu gefallen braucht. Ich will gleich an einem Beispiele zeigen, daß etwas schön sein kann, obgleich das Wohlgefallen daran wesentlich auf unserm Interesse beruht. Wäre dies nämlich der Fall nicht, so könnte eine Tragödie niemals schön sein. Denn in ihr beruht die Schönheit auf dem doppelten Interesse für die handelnden Personen und für das vorgestellte Ereigniß. Beides ist durchaus materiell, gerade so gut materiell, wie das Interesse für leibliche Güter. Denn die Tragödie hat, vermöge der tragischen Furcht, die Aufgabe, ihre Personen und Ereignisse gerade so mit meinen Gefühlen für mich selber zu verknüpfen, wie nur immer die Sorge um Angehörige oder Freunde, oder die Begehrung eines Gutes oder Vortheils damit verknüpft sein kann. Da nun, wie gesagt, die Furcht und durch diese die Schönheit der Tragödie, gerade auf diesem egoistischen Interesse mit beruht, so kann die Kantische Definition unmöglich richtig sein*).

Ich will mich nicht bei der Kritik von weitern Definitionen aufhalten, vielmehr sogleich die einzig wahre und vollständige Begriffsbestimmung des Schönen geben, wie dieselbe von unserm Aristoteles ist aufgestellt worden. — Leider besitzen wir von diesem großen Philosophen kein vollständiges System der Kunst und des Schönen; es finden sich vielmehr bloß

---

*) Man lasse sich ja nicht verführen zu glauben, daß ich hier unter „Interesse" etwas Anderes verstanden habe, als was Kant gemeint. Man betrachte nur die obige Auseinandersetzung genau.

Andeutungen in seinen verschiedenen Schriften zerstreut, und fast ohne jede weitere Erklärung oder Folgerung nur kurz hingeworfen. Man findet dergleichen in den Problemen, in der Metaphysik, Poetik und Rhetorik. Das Merkwürdigste aber ist das, daß von allen diesen Bestimmungen keine zur andern zu passen scheint, und daß Aristoteles, so oft er vom Schönen spricht, dasselbe jedes Mal in etwas Anderm erkennt. Einmal setzt er das Schöne kurzweg in die „Einheit", ein andermal in „Ebenmaß, Ordnung und Begränzung", dann wieder in „die Einheit des Mannigfaltigen, insofern sie wirklich zur sinnlichen oder geistigen Anschauung kommt", endlich gar in die „Größe". Es ist klar, daß an allen diesen Stellen Aristoteles nicht sowohl eine vollständige Begriffsbestimmung, als vielmehr nur einzelne Eigenschaften, einzelne Formen des Schönen hat angeben wollen, wie er sie eben zu dem gerade von ihm behandelten Gegenstande brauchte. Nur einmal, nämlich in der Rhetorik, findet man eine wirkliche, vollständige Definition, die aber wieder höchst auffallender Weise mit allen bisher genannten Merkmalen des Schönen nicht die entfernteste Aehnlichkeit hat. Es steht diese Definition im I. Buch 9. Capitel und heißt wörtlich so: „Schön ist, was, indem es gut ist, zugleich angenehm ist, weil es gut ist." — Diese Definition, behaupte ich, ist richtig und vollständig, und es ergeben sich aus ihr alle vorausgenannten Merkmale des Schönen mit Nothwendigkeit, nur muß man sie richtig auslegen.

Wir wollen also die verschiedenen Eigenschaften und Bedingungen, welche dieser Begriffsbestimmung gemäß das Wesen des Schönen ausmachen, eine nach der andern untersuchen. Das Schöne soll also sein vor allem: Gut. Was ist denn

aber Gut? Auch hierauf hat uns Aristoteles an mehreren
Stellen eine kurze und deutliche Antwort gegeben. „Gut",
sagt er, „ist Alles, was seiner selbst wegen wünschenswerth
ist." Demnach ist dasjenige gut, was wir nicht bloß aus
augenblicklichen, individuellen, rein persönlichen Rücksichten,
sondern nach unsern allgemein menschlichen Gefühlen für
wünschenswerth erkennen. Mit andern Worten: der Inbegriff alles Guten ist die vernünftige Weltordnung, sammt
dem, wodurch sie bewirkt und bewahrt wird. Was immer diese
verletzt oder zu verletzen scheint, ist dem Wesen des Guten und
somit auch dem des Schönen zuwider. Deßhalb sagte Aristoteles:
„Was seiner selbst wegen wünschenswerth ist." Er sagte
aber nicht: „nur seiner selbst wegen." Denn es ist durchaus
nicht wahr, daß ein persönliches Interesse das allgemeine
nothwendig ausschließt; es kann im Gegentheil eine Sach
in beiden Rücksichten wünschenswerth erscheinen und unsern
persönlichen Interessen ebensowohl als den allgemeinen zu
dienen im Stande sein. Im Leben ist dies tausendmal der
Fall. Es ist z. B. immer der Fall, so oft wir unser Recht
vertreten. Das persönliche Recht ist offenbar ein individuelles
Interesse, es gehört aber ebensogut auch mit zum Begriff
einer vernünftigen Weltordnung, und wenn auch die Menschen, indem sie ihr Recht wahren, in der Regel diese letztere
viel weniger als jenes im Auge haben, so bleibt eine solche
Handlung doch an und für sich gut, ist also auch dem Schönen durchaus nicht zuwider.

Hierin liegt nun der philosophische Grund von der Feh-
lerhaftigkeit der Kantischen Definition, welche, wie gesagt,
insofern unrichtig ist, weil sie behauptet, daß alles Schöne
ohne Interesse für uns sein müsse. Denn das Gute und

damit das Schöne kann ebensowohl mit als ohne persönliche Rücksicht gedacht, geschaffen, gefühlt werden.

Der Inbegriff alles Guten, sagten wir, sei die vernünftige Weltordnung, aber nicht bloß als Zustand, sondern auch als Zweck. Gut ist also Alles, wodurch jene erzeugt und erhalten wird. Hieraus folgt, daß wir, um über die Güte eines Gegenstandes, einer Handlung u. s. w. urtheilen zu können, vor allem zwei Dinge kennen müssen. Erstens den Zweck des Gegenstandes oder der Handlung, zweitens die Beschaffenheit desselben. Den Zweck: denn wo dieser unbekannt ist, fehlt uns zur Entscheidung über die Güte jeder Anhaltpunkt. Es gibt hunderterlei Dinge, namentlich im Reiche der Natur, die wir für gut weder finden noch finden können, weil wir ihre Zwecke nicht kennen, und wenn wir trotzdem von der Güte solcher Dinge sprechen, so ist dies die Folge eines Induktionsschlusses, vermöge dessen wir, weil wir die Zwecke der Natur überall, wo wir sie erkennen, auch als gute erkennen, nunmehr umgekehrt voraussetzen würden, daß Alles, was die Natur erzeugt, einen Zweck und zwar einen guten Zweck habe. Ist ein solcher oder ähnlicher Induktionsschluß nicht vorhanden, so urtheilen wir über hunderterlei Dinge, deren guter Zweck uns unbekannt ist, oftmals der Wahrheit gerade entgegen, besonders dann, wenn sie unsere persönlichen Interessen verletzen. Gifte, Wetter, Erdbeben und viele andere Erscheinungen der Natur und des Lebens halten wir für nichts weniger als gut, weil uns nur ihre schlimmen und nicht gleicherweise auch ihre guten Wirkungen vor Augen liegen.

Allein die bloße Kenntniß des Zweckes reicht zur Beurtheilung der Güte noch lange nicht aus. Wir müssen vielmehr nebst dem Zweck zweitens auch die Tüchtigkeit eines

Dinges zur Erreichung desselben, also seine Zweckmäßigkeit, kennen. Mit andern Worten: es muß uns der Gegenstand selber, seine Beschaffenheit, seine Natur genau bekannt sein, wenn wir über ihn urtheilen wollen. — Damit hätten wir nun die beiden Punkte, welche den Zusammenhang der Forderungen, die Aristoteles an das Schöne stellt, vollkommen klar machen. Denn jetzt ist sehr leicht zu sehen, warum er am Schönen eine gewisse begrenzte, übersehbare Größe verlangt. Wüßten wir nämlich von einem unendlich kleinen Wurm oder von einem zehntausend Meilen großen Thier den Zweck, den es haben soll, so wäre doch noch zu entscheiden, ob dieses Geschöpf demselben zu genügen im Stande ist. Da nun die Betrachtung und Beurtheilung derartiger Wesen unsrer Auffassung sich entzieht, so können sie uns eben deßwegen niemals schön erscheinen. — Deßgleichen ist klar, warum an andern Sachen Aristoteles, in Rücksicht auf die Schönheit, die Ordnung, d. h. die Kenntniß ihres Verhältnisses zu andern Dingen verlangt, weil wir von gewissen Gegenständen wohl die Beschaffenheit, aber nicht ebensogut ihre Zwecke wissen können, die dann ihrerseits durch die Ordnung, d. h. durch das Verhältniß dieses Gegenstandes zu den andern, womit er zusammengeordnet und wovon der Zweck bereits bekannt ist, deutlich werden sollen. Es stimmt wirklich die Natur der Dinge, an welchen Aristoteles das Eine oder das Andere, das Erforderniß der gehörigen Größe oder das der Ordnung namentlich in Erinnerung bringt, hiermit ganz genau überein. Denn wo nennt er die Größe? An den Dichtungen. Ganz natürlich! denn den Zweck eines Gedichtes kennen wir an und für sich, also brauchen wir nur noch seine Zweckmäßigkeit übersehen zu können. Und wo die Ordnung? An der Mathematik, weil wir den Zweck von jedem mathematischen Satz wirklich erst aus seiner Zusammenordnung mit den andern Sätzen herauszufinden haben.

Aus dem bisher Gesagten folgt weiter, daß das moralisch Gute eine Unterart des allgemeinen Guten ist. Das Moralische nämlich ist das Gute, insofern es an dem menschlichen Handeln und Wirken zu Tage tritt. Nun ergibt sich von selber die Bedeutung der Moral für die Kunst. Die Kunst hat nicht nothwendig sich der Moral zu bedienen, insofern das moralisch Gute nicht das einzig Gute ist; wo sie aber menschliche Handlungen darstellt, da ist es unumgänglich nothwendig, daß sie die Vorschriften der Moral auf das genaueste respektire. Ein Kunstwerk, welches unsere moralischen Gefühle verletzt, ist kein Kunstwerk, weil es gegen das Gute und damit gegen sein eigen Fleisch und Blut, gegen das Schöne, auftritt.

Nach all dem Gesagten brauche ich die Behauptung, daß auch die Wissenschaft gut sei, wie ich glaube, nur auszusprechen, um die Wahrheit dieses Satzes sofort erkennen zu lassen.

So viel über das Gute. Bei der zweiten Eigenschaft, welche nach Aristoteles das Schöne besitzen muß, nämlich beim Angenehmen, will ich mich nicht weiter aufhalten, weil eine Begriffsbestimmung desselben und eine umständliche Aufzählung seiner Arten für meine Zwecke nicht nothwendig ist. Denn die Natur und der Begriff des Angenehmen ist so einfach, daß man, sobald ich von dem Vorhandensein desselben an irgend einem Gegenstande oder einer Kunst rede, die Wahrheit dieser Behauptung auch ohne nähere Begriffsbe=

ſtimmung des Angenehmen vollkommen einzuſehen im
Stande iſt*).

Auf die dritte Bedingung dagegen, welche Ariſtoteles
an das Schöne ſtellt, muß ich um ſo nachdrücklicher auf=
merkſam machen. Die beiden bisherigen Eigenſchaften ſind
für den Beweis der Schönheit durchaus nicht zureichend. Es
kann etwas gut und zugleich angenehm ſein, ohne im min=
deſten ſchön zu ſein. Schön wird es erſt dann, wenn es
angenehm iſt, weil es gut iſt. Nehmen wir als Beiſpiel
eine Rede. Eine Rede iſt gut, wenn ſie ihren Zweck erfüllt,
d. h. Ueberzeugung hervorbringt. Angenehm kann ſie aus
verſchiedenen Urſachen ſein, z. B. durch Witz, Laune, Schmei=
chelei und dergleichen mehr. Wenn aber dieſe Eigenſchaften,
wenn Witz und Laune keinen Bezug haben auf den Gegen=
ſtand, auf den Zweck, auf die Ueberzeugungskraft der Rede,
wenn ſie bloß der Abwechslung und Unterhaltung wegen
eingeſtreut ſind, ſo kann eine ſolche Rede wohl angenehm
und auch gut ſein, ſchön dagegen iſt ſie niemals. Soll ſie
dieſes ſein, ſo muß ihre Annehmlichkeit zugleich in ihrer
Güte beſtehen, es muß alſo in unſerm ſpeziellen Falle Schmei=
chelei und Witz ſo eingerichtet ſein, daß ſie zum Zweck, zur
Ueberzeugung, mitwirken.

---

*) Eine ausführliche Auseinanderſetzung dieſes Thema's findet ſich
in der ariſtoteliſchen Rhetorik Buch I. Cap. XI.

IV.

Fortsetzung.

3.

Kunstlehre.

Dies ist z. B. in der Komödie der Fall. Die Komödie ist gut, indem sie das Ungute, das Laster und die Thorheit, geiselt und verabscheuen lehrt. Angenehm ist sie durch ihren Witz*), und erbtlich schön, weil sie vermittelst dieses Witzes das ihr eigenthümliche Gute zu erreichen sucht, mit andern Worten, weil ihre Annehmlichkeit ihrer Güte dient.

Jetzt komme ich an die Tragödie, an diejenige Kunst, derentwegen ich die ganze Lehre vom Schönen hier eingeführt habe. Wie die Vertheidiger der moralischen Katharsis die Schönheit des Tragischen sollten beweisen können, ist, mir wenigstens, ganz und gar ein Räthsel; auch erinnere ich mich nicht, daß sie jemals den Versuch gemacht hätten. Aus unsrer Auffassung der Katharsis hingegen folgt dieser Beweis mit der größtmöglichsten Evidenz und Einfachheit. Doch zuvor noch eine Bemerkung! Man erinnert sich, daß ich in der ersten Abhandlung über die Katharsis eine falsche Auslegung dieser gegeben und sie zugleich widerlegt habe. Es war dies

---

*) Ich will hier bloß sagen, worin hauptsächlich die Güte und hauptsächlich die Annehmlichkeit der Komödie besteht.

jene Auslegung, nach welcher die tragische Annehmlichkeit in dem Gefühle des eignen persönlichen Freiseins von dem Leid, das wir an einem Andern bemitleiden, bestehen sollte. Diese Auffassung der Katharsis macht den Beweis für die Schönheit der Tragödie ebenfalls unmöglich. Denn gesetzt auch ihr Gegenstand sei gut, so kann man nur noch zeigen, daß er auch angenehm ist, daß er aber angenehm ist, weil er gut ist, kann bei jener Auslegung durchaus nicht dargethan werden. Ganz anders dagegen ist die Sache, sobald wir die Katharsis auffassen, wie es sein muß. Denn da die Tragödie, wie diese Katharsis verlangt, zwar ein Unglück vorstellt, während dieser Vorstellung aber zugleich mich belehrt, daß, wenn dieses Uebel nicht einträte, ein weit größeres unvermeidlich wäre, so erscheint mir der zwar schlimme, aber noch Schlimmeres verhütende Vorfall als etwas Gutes. Er erscheint auch als etwas Angenehmes, eben weil er ein Unangenehmes verhütet, und da endlich drittens eben das, wodurch er gut ist, sein Angenehmes erzeugt, so muß die Tragödie der Definition des Aristoteles gemäß schön sein. Folglich besteht die Schönheit einer Tragödie einzig und allein in der Katharsis, ein Resultat, welches einen eben so starken Beweis für die Richtigkeit ihrer Auffassung, wie für die Wahrheit der aristotelischen Definition des Schönen abgibt. Denn da diese Definition das Tragisch-Schöne eben da findet, wo es uns unter Anderm bei der Betrachtung von Shakespeare's Romeo und Julie das natürliche Gefühl hat suchen heißen, so ist für die Wahrheit der Katharsis sowohl, wie für die der aristotelischen Definition des Schönen, das Experiment, der Prüfstein aller Wahrheit, ein lauter Zeuge.

Das Angenehme in der Tragödie ist insofern merkwürdig,

als es durch eine zweifache unangenehme Empfindung, nämlich durch die doppelte Furcht zu Stande kommt. Ich fürchte in der Tragödie das Unglück, welches wirklich geschieht, und ein andres Unglück, welches geschehen würde, wenn dieses nicht geschähe. Jenes will ich das **nähere**, dieses das **entferntere** Unglück heißen, so daß also in Romeo und Julie das nähere ihr Tod, das entferntere ihre Trennung wäre. Von beiden schließt eines das andere aus, so daß die Annehmlichkeit daraus entsteht, daß, sobald das eine Fürchterliche heranzunahen scheint, das andere zurückweicht, mit andern Worten: in der Tragödie erfüllt sich immer der eine Wunsch, wenn der andere verweigert wird, und hierauf beruht die Annehmlichkeit derselben.

Auch kann ich jetzt erst den wahren Grund der Benennung: „tragische Furcht" angeben. Man erinnert sich, daß ich in der ersten Abhandlung damit die Furcht vor dem entfernten Uebel bezeichnete und als Grund dieses Namens den Umstand angab, daß sie durch die Darstellung und Schilderung der Tragödie zu Stande komme. Allein damals hatte ich mit den Moralisten zu thun, welche die tragische Furcht aufs Leben ausgedehnt verstanden, und indem ich ihnen gegenüber behauptete, daß dies der Fall nicht sei, daß vielmehr die tragische Furcht nur in und während der Tragödie bestehe, so bezeichnete ich also das Wesen derselben bloß negativ. Denn dieselbe Eigenschaft besitzt auch die Furcht vor dem näheren Uebel, weil auch sie durch jene Schilderung zu Stande kommt, und wenn daher kein weiterer Grund zu jener Benennung vorhanden wäre, so müßte ich sie dieser ebensowohl wie jener haben zukommen lassen. Und doch gab ich bloß der andern diesen Namen. Warum? Die Sache ist sehr einfach.

und der tragischen insbesondere. 29

Denn die Furcht vor dem nähern Unglück findet sich bei jedem drohenden Uebel, und wenn daher ein Dichter überhaupt nur ein Unglück auf die Bühne bringt, so kann ihm diese Furcht niemals entgehen. Aber hierdurch allein ist sein Stück noch lange nicht tragisch. Denn das tragische, nämlich das der Tragödie eigenthümlich Schöne liegt in der Katharsis, die ihrerseits wieder die Furcht vor dem entfernteren Uebel voraussetzt. Da also erst durch das Hinzutreten dieser letztern Furcht zu der andern ein gewöhnlicher Unglücksfall zu einem tragischen wird, so habe ich auch nur sie die tragische genannt.*)

Ferner läßt sich hier eine andere Frage entscheiden, welche vor einigen Dezennien mit einer gewissen Heftigkeit von den Gelehrten diskutirt wurde. Man glaubte bekanntlich von jeher einen Hauptunterschied zwischen antiker und moderner Tragödie in der Ansicht der Alten vom Schicksal zu finden. Der Hellene sei Fatalist, und nach seinen Begriffen das Schicksal ein finstres, blindes, unentflichbares Walten gewesen, welches über den Menschen, gleichviel ob verdient ob unverdient, Jammer und Elend verhänge, oder wohl gar unverschuldeten Leides sich freue. Als solches sei es nun auch in den antiken Tragödien dargestellt, und namentlich soll des Sophokles „König Oedipus" hiervon ein deutliches Beispiel sein.

Ich will den Leuten, welche eine solche Behauptung aufstellten, nicht zu nahe treten. Das aber kann ich sagen: Wer den König Oedipus in diesem Sinne eine Schicksalstragödie nennt, und noch von der Schönheit derselben sprechen

---

*) Diesen Unterschied zwischen einem tragischen und einem gewöhnlichen Unglücksfall bedenke man genau.

ober gar behaupten will, er selber fühle diese Schönheit, der ist entweder nicht wohl bei Sinnen, oder er lügt gottlos. Denn eine derartige Natur des Schicksals streitet gegen alle unsre Ansichten von einer vernünftigen Weltordnung, sie schließt das Gute vollständig aus, müßte also auch, in einem Kunstwerk zur Darstellung gebracht, dem Schönen geradezu ins Gesicht schlagen. In einer Schicksalstragödie ist eine Katharsis, eine tragische Schönheit, gar nicht möglich, mit andern Worten: der Name Schicksalstragödie ist eine contradictio in adjecto. Was namentlich den König Oedipus und den Sophokles überhaupt betrifft, so ist es mehr als lächerlich, wenn man aus Stellen, wie z. B. da Jokaste sagt: „Was soll der Mensch denn fürchten, blindes Geschick beherrscht ihn," diese Meinung, ohne im Geringsten den Charakter der redenden Person zu bedenken, dem Sophokles selber unterschieben und damit die Benennung „Schicksalstragödie" rechtfertigen wollte. Einer solchen widerspricht nicht bloß die ganze Sinnesart dieses herrlichen, und ich darf wohl sagen, dieses einzigen tragischen Meisters; es widersprechen ihr auch gerade dieselben Stellen, sobald man nur beobachtet, wem sie der Dichter in den Mund legt. Uebrigens würden diese Herren die Katharsis im Oedipus wohl gefühlt haben, wenn sie bedacht hätten, daß eine Lästerung der Götter und Orakel an den Ohren der Hellenen zu Sophokles Zeit nicht so leichtiglich vorüberging, wie sie an den ihrigen vorübergegangen ist. Sie haben sich eben in die Lage oder vielmehr in die Anschauung eines damaligen Zuschauers nicht gehörig hineingedacht, sonst hätten sie solche Dinge unmöglich sagen können.

Endlich ergibt sich aus der aristotelischen Definition des

und der tragischen insbesondere. 31

Schönen noch folgender, höchst wichtiger Schluß. Wenn man nämlich diese Definition auf die strenge Wissenschaft, z. B. auf die Mathematik anwendet, so wird man finden, daß auch diese das Schöne an sich trägt, denn das Wissen ist gut, und angenehm, weil gut, d. h. schön. Das Schöne gehört also zum Wesen der Wissenschaft ebensowohl, wie zu dem der Kunst. Der charakteristische Unterschied zwischen beiden liegt einzig und allein in der Nachahmung. Ferner folgt daraus, daß die Wissenschaft, weil sie nicht nur dasselbe, sondern mehr zu geben im Stande ist als die Kunst, ihrem Wesen nach höher steht als diese *).

V.

Fortsetzung.

4.

Aesthetik oder Geschmackslehre.

Bisher begnügte ich mich, die aristotelische Definition des Schönen zu erklären und ihre Richtigkeit durch die Anwendung

---

*) Demnach wäre auch ganz unrichtig, wenn man das Schöne als Zweck zum unterscheidenden Merkmale zwischen Kunst und Wissenschaft machen wollte. Die Wissenschaft hat es ebensogut zum Zweck, wie die Kunst.

auf einige Künste zu zeigen. Hierbei fanden wir nun allerdings zwischen Theorie und Erfahrung eine solche Uebereinstimmung, wie sie für einen derartigen Beweis nur immer erforderlich ist. Allein es gibt noch einen andern Weg, der die Wahrheit dieser Definition mit womöglich noch größerm Glanze ins Licht zu stellen vermag, und ich würde denselben, auch wenn er in viel weniger engem Zusammenhange mit meinem Thema stünde, als in welchem er wirklich steht, schon dieser sehr evidenten Beweiskraft halber nicht unbetreten bei Seite lassen. Denn der erste und wichtigste Satz einer Wissenschaft ist wohl werth, daß man ihn von verschiedenen Seiten betrachtet und seine Richtigkeit auf alle mögliche Art zu beweisen sucht.

Hier handelt es sich nun um Folgendes: Haben wir nämlich bisher die Definition auf das gefühlte Kunstobject angewendet, so wollen wir sie jetzt auf das fühlende Subject ausdehnen. Wir wollen nachsehen, ob und wie die Erscheinungen, die wir hier in Wirklichkeit auftreten sehen, ebenfalls aus dieser Definition erklärt werden können. Eine solche subjective Erscheinung ist z. B. der Geschmack. Es ist eine bekannte Thatsache, daß unter allen menschlichen Eigenschaften keine vielfältiger und verschiedener ist, als eben das, was wir Geschmack heißen. Es gibt Dinge, über deren Schönheit verschiedene Menschen ganz entgegengesetzte Urtheile fällen. Person und Geschlecht, Alter, Stand, Ort, Volk und Zeit machen hierin immense Unterschiede. Ein Gebildeter hält ganz andere Dinge für schön als ein Barbar, ein Europäer andere als ein Chinese, und während im vorigen Jahrhundert eine gewaltige Perrücke als der Gipfelpunkt alles guten Geschmacks figurirte, würde sie heutzutage nur Gelächter zu erregen im

Stande sein. Kurz eine Verschiedenheit der Ansichten vom
Schönen, eine Verschiedenheit des Geschmacks ist in Wirklichkeit vorhanden, und es fragt sich nun, worin dieser Verschiedenheit Grund und Erklärung zu suchen sei. Ferner, ob das
was ein Anderer für schön hält wirklich ebenso gut schön sei,
als was ich dafür erkenne. Ob und wie man endlich entscheiden könne, welche von beiden Geschmacksrichtungen die
bessere sei.

Dies sind lauter Fragen, welche das Leben fast stündlich
an uns richtet, und wenn ich vom Schönen reden will, so er-
wartet, glaube ich, Jedermann, daß ich ihm hierüber Aufschlüsse
zu geben im Stande bin. Unsere Aesthetiker sprechen auch vom
Schönen. Vom Geschmack aber reden sie entweder nicht, oder
so, daß man wünscht, sie hätten nicht davon geredet. Also
muß sie der alte verachtete Aristoteles auch hier wieder belehren. Aus der aristotelischen Definition können alle diese
Fragen auf eine so ungemein einfache und entschiedene Weise
beantwortet werden, wie es nur der klaren und wahren
Wissenschaft möglich ist.

Das Schöne, sagt Aristoteles, besteht aus dem Guten
und dem Angenehmen. Unsere Begriffe vom Guten hängen
aber von unserer Einsicht ab. Sind folglich die menschlichen
Einsichten verschieden, so sind es auch die Begriffe vom
Guten und damit eo ipso auch die vom Schönen.

Dies ist die ganze Erklärung.*) Was kann einfacher und
wahrer sein? Sollte man meinen, daß ein so einfacher

---

*) Jedes wahre Gesetz muß einfach sein, und alle Folgerungen und
Erscheinungen müssen sich daraus auf die einfachste Weise ergeben.
Außerdem ist es nicht wahr.

Punkt, wie die Erklärung des Geschmacks ist, unsern Philosophen soviel Kopfzerbrechen könne gekostet haben. So lange man freilich den richtigen Begriff vom Schönen nicht gefunden hat, kann natürlich auch dieser Punkt nicht erklärt werden; aber das ist zu verwundern, wie die Aesthetiker die Lehre vom Geschmack aus ihren Systemen möglichst hinauszuschieben suchten, da sie doch hätten einsehen sollen, daß eine aufmerksame Untersuchung gerade dieser Erscheinung nothwendig rückwärts auf die richtige Definition des Schönen führen müsse.

Daß unser Geschmack und unser Begriff vom Guten wirklich immer Hand in Hand geht, kann an tausend Beispielen nachgewiesen werden. Am Manne z. B. halten wir eine Größe für schön, die wir am Weibe störend finden. Warum? Weil die Größe zum Wesen und Zweck der männlichen Natur, zur Kraft, und zu derjenigen der weiblichen, zur Milde, nach unsern Begriffen in ganz entgegengesetztem Verhältniß steht. — Der Römer fand seine blutigen Circenses für schön, während Unser einem dabei die Haare zu Berge stehen würden. Warum? — Eine Kirchenmusik im Tanzsaal und eine Tanzmusik in der Kirche werden um so widerlicher sein, je schöner sie in ihrer Art sind.*) Warum? — Auch der sogenannte Modegeschmack mit seinen Abarten und Wechseln erklärt sich hieraus ganz einfach. In einer Zeit, da man ein stattliches Aussehen für eine höchst wünschenswerthe Eigenschaft seiner Persönlichkeit erkannte, mußte eine Allongeperrücke allerdings für etwas Gutes und eben dadurch zugleich für angenehm,

---

*) Dieses Beispiel gehört zwar streng genommen nicht in die Lehre vom Geschmack; beweist aber die Verbindung zwischen Schön und Gut um so schärfer.

also für schön gelten, dahingegen unsre Tage in ihrer größern Gleichgültigkeit gegen körperliche Eigenschaften dergleichen Dinge mit Gelächter verfolgen. Leute, die nur die geistige Bildung als vernünftigen Zweck des Menschen betrachten, die körperliche dagegen für gleichgültig halten, werden in der Mode niemals etwas Gutes, folglich auch nichts Schönes finden und umgekehrt. Die Gelehrten und die Frauenzimmer sind bekanntlich für die beiden Seiten dieser Wahrheit die augenfälligen Beweise. Aus dem Geschmack einer Person, eines Volkes, eines Jahrhunderts zieht man unwillkürlich Schlüsse auf ihre geistigen Zustände. Warum? — Kurz, die Beispiele wären dem Tausend nach anzuführen und man muß sich wie gesagt nur verwundern, warum unsere Philosophen die Thatsache des Geschmacks so bei Seite schoben und sie nicht vielmehr bei Aufsuchung der Definition des Schönen zum Ausgangspunkt genommen haben. Sie haben richtig wieder das Pferd von hinten aufgezäumt.

Ziehen wir nun weitere Folgerungen. Da unserer Theorie gemäß der Geschmack auf der Einsicht beruht, diese aber in jeder Person nach Qualität und Quantität tausendfach im Leben sich ändert, so folgt daraus, daß auch der Geschmack einer oftmaligen Veränderung unterworfen, oder derselben wenigstens fähig sein müsse. Ist dies wirklich der Fall? Gewiß!

Den besten Geschmack hat derjenige, der die richtigsten An- und Einsichten vom Guten hat, und insofern die Richtigkeit dieser Ansichten durch die Wissenschaft strict entschieden werden kann, gibt es auch eine stricte Entscheidung über die verschiedene Güte verschiedener Geschmacksrichtungen. In Gott, wo alle Einsicht ist, muß auch der vollkommenste Geschmack ober objectiv das absolut Schöne sich vorfinden, während es unter den Menschen wegen der Beschränktheit ihrer Einsichten fast immer ein bloß relatives bleibt, das dem absolut Schönen bald näher, bald ferner steht. Um schwere Mißverständnisse zu vermeiden, muß ich ausdrücklich bemerken, daß wenn ich im Folgenden kurzweg vom Schönen rede, nur das Relativ-Schöne gemeint ist, nämlich das, was einem Menschen überhaupt die Empfindung des Schönen zu erregen vermag, wobei ganz gleichgültig bleibt, ob es im Vergleich mit dem Absolut-Schönen für ein wahrhaft Schönes gelten kann oder nicht.

VI.

Fortsetzung.

5.

Ueber die Schönheit der Redekunst.

Der andere Punkt, an welchem ich die Evidenz der aristotelischen Theorie zeigen will, soll sich auf die Redekunst beziehen. Bei dieser ist der Nachweis der Schönheit nicht in allen Fällen so einfach, wie bei der Komödie und Tragödie. Es scheint vielmehr zwischen der aristotelischen Definition des Schönen und zwischen derjenigen Eigenschaft, welche Aristoteles als die charakteristische der Redekunst erkennt, ein auffallender Widerspruch einzutreten. Denn der Definition gemäß muß das Schöne vor Allem gut sein, so daß die Rede niemals das Gefühl des Guten soll verletzen dürfen. Nun setzt aber andrerseits Aristoteles bekanntlich das Wesen der Redekunst und ihren charakteristischen Unterschied von der Dichtkunst in die Fähigkeit einen beliebigen Vorwurf nach entgegengesetzten Richtungen behandeln zu können. Kann und darf somit die Rhetorik einen Gegenstand zum Vorwurf nehmen, dessen Beschaffenheit unsern Begriffen vom Guten durchaus angemessen ist, so muß sie auch ebenso gut einen andern wählen und behandeln dürfen, der diesen Begriffen geradezu widerstreitet. Das ist nun aber, wie gesagt, der Definition des Schönen zuwider. Folglich? — Läßt sich und wie läßt sich dieser Widerspruch lösen? Kann eine Rede oder ein rhetorisches Werk, welches z. B. offenbar unsittliche Tendenzen verfolgt, ebenso gut ein vollendetes Kunstwerk genannt werden, wie dasjenige, welches bei gleich guter äußerer Form die genaueste Beobachtung der Moral im Auge hat?

Es müßte sonderbar zugegangen sein, wenn auch dieser stündlich sich darbietenden Frage die Aesthetiker hätten entgehen können. Zwar pflegen sie, so oft sie dieselbe von weitem sehen, andächtiglich sich zu bekreuzen und still und lautlos, wie am Hain der Eumeniden, daran vorüberzuschleichen. Aber es hilft nichts. Das Leben schiebt diese Frage mit solcher Gewalt in den Vordergrund, daß die Wissenschaft herhalten muß, sie mag wollen oder nicht. So hat man unter andern vor einigen Jahren über Goethe's Wahlverwandtschaften des Langen und Breiten sich gestritten, ohne von der einen oder der andern Seite stricte und entscheidende Gründe beizubringen. Man verließ sich vielmehr beiderseits auf das wirkliche Gefühl, die Moralisten auf den entschiedenen Widerwillen, den ihnen solche Kunstwerke einflößten, die Andern auf den ebenso deutlich empfundenen Kunstgenuß. Warfen jene dergleichen Sachen ohne weiteres und ganz entschieden aus der Kunst hinaus, so glaubten diese, da doch auch sie die Moral nicht ganz nebenansetzen wollten, erst Form und Inhalt, dann wieder eine äußere und innere Form, endlich einen ich weiß nicht wie vielfachen Inhalt unterscheiden zu müssen, kurz, sie thaten alles was sich, wo man nichts weiß und doch etwas sagen will, nur immer thun läßt: man macht die Sache noch dunkler als sie ist, wirft dann dem Leser einige hyperphilosophische Floskeln an den Kopf, worüber ihm Hören und Sehen vergeht; mittlerweile wird der Schluß schnell fertig gemacht. Er ist aber auch danach!

Die aristotelische Theorie gibt hier folgende ganz entschiedene Antwort: In jedem rhetorischen Werk ist in Bezug auf die Empfindung des Schönen die moralische Beschaffenheit des Inhalts in ebendem Maße gleichgültig, in welchem die rhetorische Technik vollendet ist. Für eine Rede von vollkommener rhetorischer Kunst ist die moralische Beschaffenheit des Inhalts ohne alle Relevanz.

Der Beweis dieses wichtigen Satzes ist ebenso einfach, kurz und entschieden, als der Satz selber. Nämlich: — Unsere Begriffe vom Guten beruhen auf unserer Einsicht und Ueberzeugung. Eine Aenderung dieser muß eine Aenderung jener zur nothwendigen Folge haben. Nun hat aber das Wesen der rhetorischen Kunst eben die Ueberzeugung zum Zweck, so daß eine Rede von vollendeter Kunst eine vollkommene Ueberzeugung zu Stande bringen muß. Folglich wird immer das als das Gute erscheinen, was die Rede dafür ausgibt.

Man könnte natürlich auch umgekehrt schließen: Weil das Schöne das Gute voraussetzt, und weil die Redekunst ihren Vorwurf nach entgegengesetzter Seite soll behandeln können, so muß ihr Wesen, ihre Kunst, ihre Schönheit, in der Ueberzeugung bestehen, also auch durch diese definirt werden. Hat dies Aristoteles gethan? Gewiß, denn im zweiten Capitel der Rhetorik definirt er sie wirklich als „die Fertigkeit, an jedem Dinge das Ueberzeugende zu finden." Kurz, es ist so leicht nicht, den Aristoteles auf einem Widerspruch zu ertappen.

Die ungemeine Schädlichkeit rhetorischer Werke von vollendeter Kunst aber verkehrter moralischer Tendenz wird ebensowohl durch eine tausendfache Erfahrung, wie durch die aristotelische Theorie bezeugt. Denn wenn man ihnen vorwirft, daß sie ein Wohlgefallen am moralisch Schlechten erwecken, so ist dies noch lange nicht Alles, dessen sie beschuldigt werden müssen. Ihr Gift liegt viel tiefer, es liegt darin, daß sie zugleich unsere Ueberzeugung ändern, daß sie Gutes als Schlechtes, Schlechtes als Gutes erscheinen lassen. Im Vergleich mit ihnen sind selbst die unsittlichsten Schmierromane unschuldige Lämmer, weil das Gift, das diese säen, nicht in der Ueberzeugung, sondern bloß in der Phantasie und in dem augenblicklichen Reiz liegt, womit ihre unsauberen Bilder die Sinne versuchen. Sobald man sie aus der Hand legt, verschwindet auch dieser, es sei denn, daß durch fortgesetzte Lectüre solcher Schriften nach und nach eine andauernde Verderbniß der Seele bewirkt werde. Sie verleiten wohl zum Schlimmen, lassen uns aber doch die richtige Erkenntniß, daß es schlimm sei, und das Bischen Romantik, womit sie den einen oder den andern überziehen, ist meist unschädlicher Natur und von der Art, daß das Leben selbst und die Erfahrung hinreichend ist, einem solchen Gimpel den Kopf wieder zurecht zu setzen. Ein unsittliches Kunstwerk dagegen bemächtigt sich durch seinen Geist und den Reiz der Neuheit der bessern Köpfe und wird noch überdies niemals durch die bloße Erfahrung corrigirt.

Man darf indeß nicht vergessen, daß Alles, was ich in diesem Paragraphen von dem Verhältniß der Kunst zur Moral gesagt habe, nur von der Rhetorik gilt. Alle übrigen Künste müssen sich streng nach unsern moralischen Begriffen richten und alles auf das sorgsamste vermeiden, was dieselben verletzen könnte. Denn keine von ihnen allen kann und soll, wie die Rhetorik, Ueberzeugung bewirken, woraus unmittelbar der Beweis für die Wahrheit der ersten Einwendung folgt, welche ich gegen Lessing vorgebracht habe. Niemals, sagte ich, dürfe die tragische Kunst durch moralische Wirkungen definirt werden, weil diese dem Wesen derselben durchaus fremd seien. Hierzu fehlt dieser Kunst nicht nur die Absicht, es fehlt ihr auch die Möglichkeit. Die Absicht, weil sie keine Ueberzeugung bezwecken will, die Möglichkeit, weil ihr Wesen diese Ueberzeugung vielmehr schon voraussetzt. Allerdings kann es der Fall sein, daß in einer Tragödie neue Ueberzeugungen geschaffen werden, dies ist aber nicht das Werk der tragischen Kunst, sondern die Folge der zu Hülfe gerufenen und in die Tragödie eingestreuten Rhetorik, durch welche übrigens jene regelmäßig beeinträchtigt wird. Es ist also gewiß eine feine Logik, wenn man, was diese bewirkt, auf Rechnung jener schreiben will, und doch ist von den Ungereimtheiten, welche die moralische Auslegung der Katharsis involvirt, diese noch lange nicht die größte. Denn gesetzt auch, die Tragödie könne eine moralische Ueberzeugung zu Stande bringen, so ist dies noch keine moralische Wirkung. Es ist wahr, eine Ueberzeugung hat oft auch Wirkung zur Folge, aber nicht minder oft ist eine sehr richtige moralische Ueberzeugung mit einer ganz verkehrten Handlungsweise verbunden. Folglich hängt diese von der Mitwirkung noch ganz anderer Umstände ab, oder mit andern Worten: Das Wesen der Redekunst ist wohl die Ueberzeugung, niemals aber die Ueberredung. Dies hat Aristoteles gleich im ersten Capitel seiner Rhetorik ausdrücklich zu erinnern nicht verfehlt, und wenn die Ueberredung d. i. die moralische Wirkung nicht einmal Aufgabe der Rhetorik sein kann, wie viel weniger erst der Tragödie.

Kurz, man muß sich über das Wesen der Kunst in bedeutendem Irrthum befinden, um ihr dergleichen Wirkungen als Absicht zuschreiben zu können; wenn man aber gar dem Aristoteles solche Behauptungen in den Mund legt, so hat man offenbar das erste Capitel der Rhetorik entweder nicht gelesen oder nicht bedacht.

Dies sind die Grundzüge der aristotelischen Lehre vom Schönen. Ich führte dieselbe an als indirekten Beweis für die Auslegung der Katharsis, und gehe jetzt zu den direkten über.

VII.

Anwendung des Begriffs der Katharsis auf den Unterschied der Tragödie von der Komödie.

Einer der ersten und schärfsten Beweise fließt gleich aus der Beobachtung der gegenseitigen Verhältnisse und Beziehungen zwischen den verschiedenen Dichtungsarten, welche in der aristotelischen Poetik abgehandelt werden. Bekanntlich beschränkt sich die Dichtkunst des Aristoteles in der Gestalt, wie wir sie haben, durchaus nicht bloß auf die Natur und die Gesetze der tragischen Kunst; sie handelt auch von den Eigenschaften der Komödie und des Epos, und zwar dergestalt, daß sie, indem sie die Tragödie zum Hauptvorwurf ihrer Untersuchung nimmt, an diese aber die Betrachtung der beiden andern vergleichend und gegenüberstellend anlehnt, eben durch diese Parallele zugleich eine Theorie auch dieser beiden poetischen Gattungen zu Stande bringt.

Aus diesem Verfahren läßt sich für die Entscheidung unserer Frage, ob Aristoteles der Komödie eine Reinigung zuschreiben konnte und zugeschrieben habe, schon zum Voraus eine stricte Antwort erwarten. Gesetzt nämlich, Aristoteles habe den Begriff der Katharsis wirklich in demselben Sinne gefaßt, wie wir, so folgt daraus der einfache Schluß: daß

erstens bei derjenigen Dichtungsart, wo nach unserm Begriff
keine Katharsis stattfinden kann, auch er eine solche nicht ge=
nannt haben durfte. Wo aber, zweitens, wirklich eine zu
nennen war, da wird er auch, weil er das gewichtige ästhe=
tische Moment der Katharsis gewiß ebenso gut erkannte wie
wir, dieselbe zu erwähnen niemals unterlassen haben.
Indem wir nun untersuchen, bei welchen Dichtungsarten
Aristoteles die Katharsis nennt oder nicht nennt, bei welchen
dagegen nach unserm hypothetischen Begriff der Reinigung diese
stattfinden oder nicht stattfinden kann, so wird eine genaue Ueber=
einstimmung der beiderseitigen Ergebnisse für die Richtigkeit
dieses Begriffes einen ebenso unumstößlichen Beweis abgeben,
als andrerseits etwa aufstoßende Widersprüche die Verwerfung
desselben zur unabweisbaren Folge haben würden.

Was nun zunächst die Komödie anbelangt, so findet man
nirgends eine Spur davon, daß ihr Aristoteles die Katharsis
zugeschrieben habe. „Die Komödie", sagt er, „ist eine Nach=
ahmung lasterhafter Handlungen; jedoch nicht aller Laster
überhaupt, sondern nur derjenigen, die etwas Lächerliches mit
sich verknüpft haben." — Hier geschieht einer Reinigung mit
keiner Sylbe Erwähnung, und ebenso wenig ist sonstwo in
der aristotelischen Poetik dergleichen anzutreffen; — ein Um=
stand, der allein schon hinreichend ist, jeden Gedanken an eine
moralische Auffassung der Katharsis von Seiten des Aristote=
les zurückzuweisen. Hätte nämlich Aristoteles unter der Rei=
nigung die Reinigung der Leidenschaften verstanden, so wäre
gar nicht abzusehen, warum er diese Reinigung bei der Ko=
mödie nicht viel nachdrücklicher noch erwähnte, als bei der
Tragödie; denn jene hat unstreitig viel offenbarer die Moral
zur Grundlage und zum Zweck als diese, in Betreff welcher

ich schon in der vorigen Abhandlung die Voraussetzung einer moralischen Wirkung als eine Illusion, um nicht zu sagen als einen Unsinn nachgewiesen habe. Kurz, eine solche Auffassung der Katharsis liegt der Tragödie viel ferner als der Komödie; war sie dort von Aristoteles genannt worden, so mußte er sie hier noch viel nachdrücklicher erwähnt haben; war sie dort eine Reinigung des Mitleids und der Furcht durch Mitleid und Furcht, so ist sie hier eine Reinigung des Lächerlichen durch das Lächerliche. Nun hat aber Aristoteles ihrer mit keiner Sylbe Erwähnung gethan, so daß er nothwendig entweder andere als moralische Begriffe davon gehabt, oder neue unverzeihliche Fehler in seiner Theorie der Dichtkunst begangen haben muß.

Das erstere, glaube ich, wird wohl der Fall sein, da wir, wenn wir die Katharsis nach unserer Auffassung auslegen, aller Widersprüche überhoben sind. Denn uns ist die Katharsis keine Reinigung der Leidenschaften, sondern eine Reinigung der Empfindungen, <u>eine mit Lust verbundene Erleichterung unserer Empfindungen</u>. Jede Erleichterung setzt aber nothwendig etwas Drückendes voraus, somit kann auch eine Erleichterung unserer Empfindungen nicht eintreten, ohne daß zuvor unsere Seele ein Leid bewegte; dieses letztere aber streitet nun seinerseits gegen die Natur der Komödie, so daß diese die Katharsis, da ihr die erste Bedingung zum Wesen derselben fehlt, natürlich niemals besitzen kann.

VIII.

Anwendung des Begriffs der Katharsis auf den Unterschied der Tragödie von dem Heldengedicht.

Die andere Dichtungsart, welcher sich unsre Untersuchung zuzuwenden hat, ist das Epos. Kennt Aristoteles neben der tragischen auch eine epische Katharsis oder kennt er keine solche? Und wie läßt sich das eine oder das andere in Uebereinstimmung mit unserer Hypothese von dem Wesen der aristotelischen Reinigung erklären?

Die erste Frage ist meines Wissens durch Aristoteles selbst nicht direkt beantwortet. Nirgends sagt er ausdrücklich, daß eine Katharsis beim Epos stattfinde. Er sagt auch niemals, daß sie nicht stattfinde; wenigstens scheint die Stelle, aus welcher man das erstere hat folgern wollen, durchaus nicht die zur Begründung einer solchen Behauptung nöthigen Eigenschaften zu besitzen. Man muß vielmehr hier seine Zuflucht zu einem indirekten Verfahren nehmen und folgenderweise schließen: Wenn wirklich eine epische Katharsis stattfände, so würde ihrer unstreitig Aristoteles irgendwo Erwähnung gethan haben; dies ist aber nicht geschehen, also scheint er auch überhaupt eine solche nicht gekannt haben. — Dieser Schluß erhält ein bedeutendes Gewicht durch die

Beobachtung eines andern Umstandes, der sich im 26. Capitel der Poetik findet. Obgleich nämlich Aristoteles nirgends die Eigenschaften des Epos einzeln, um ihrer selbst willen aufführt, so zeigt er doch in dem genannten Capitel die Merkmale, welche dem Epos und der Tragödie gemeinschaftlich zukommen. Es ist klar, daß eine so bedeutende Eigenschaft, wie die Katharsis, von Aristoteles unmöglich ungenannt hätte bleiben können, wenn sie wirklich beiden Dichtungsarten gemein wäre; nun hat sie aber Aristoteles in der That nicht genannt, also scheint sich aufs Neue zu bestätigen, daß dem Epos eine Katharsis nicht zugeschrieben werden dürfe.

Allein trotz alledem würde dies doch ein sehr voreiliger Schluß sein, von dessen Unrichtigkeit uns schon der nächste Blick in die aristotelische Poetik überzeugen müßte. Aristoteles ist nämlich nicht bei den Eigenschaften stehen geblieben, welche Epos und Tragödie mit einander gemein haben: er hat auch die Merkmale aufgezählt, durch welche beide Dichtungsarten sich unterscheiden. Unter den gemeinsamen Eigenschaften findet sich nun, wie gesagt, die Katharsis nicht; da ferner ein so bedeutender Unterschied, wie ihn zwischen beiden Dichtungsarten der Besitz der Katharsis einerseits und der Mangel derselben andrerseits zur Folge haben müßte, von Aristoteles wieder nicht übersehen werden konnte, so erwarten wir nothwendig, dieselbe unter den letztern, unter den unterscheidenden Eigenschaften anzutreffen. Merkwürdiger Weise geschieht aber auch dieses nicht. Aristoteles zählt die Unterschiede nicht nur einmal, er zählt sie verschiedene Male auf, ohne der Katharsis nur mit einer einzigen Sylbe zu gedenken. Drei Unterschiede, sagt er übereinstimmend im 5. und im 24. Capitel, beständen zwischen Tragödie und Epos, nämlich die verschiedene Art der

Nachahmung, der erzählende Charakter und die größere Ausdehnung des Epos. Weitere Unterschiede nennt er nirgends. Kurz, Aristoteles hat die Katharsis weder bei den unterscheidenden, noch bei den gemeinschaftlichen Eigenschaften beider Dichtungsarten genannt, und da wir ihn im Uebrigen für einen viel zu trefflichen Philosophen halten müssen, als daß wir dieser Unterlassung halber seine Sorgfalt und Genauigkeit in Zweifel ziehen könnten, so folgt daraus, daß dies in der Natur der Sache selbst müsse begründet sein, mit andern Worten, daß das Epos die Katharsis ebensowohl haben als auch nicht haben könne, daß folglich keines von beiden eine wesentliche und charakteristische Eigenschaft desselben sei.

Dieses Resultat stimmt nun aber wieder mit unsern Begriffen von der Katharsis ganz und gar überein. Denn die Möglichkeit des Eintritts derselben ist, wie gesagt, von dem Vorhandensein eines Leidens bedingt. Nun ist aber die Vorstellung eines Leidens für die Natur des Epos weder so, wie für die der Tragödie absolut erforderlich, noch auch dem Wesen desselben so entschieden zuwider, wie demjenigen der Komödie. Es kann daher im Epos ein Leid zur Vorstellung ebensowohl kommen, als auch nicht kommen, ohne daß durch das eine oder das andere das Wesen desselben im mindesten alterirt würde. Mit andern Worten: Im Epos kann die Katharsis ebensowohl mangeln als vorhanden sein, was eben zu beweisen war.

Uebrigens brauche ich wohl kaum zu bemerken, daß man das Gesagte nicht so auffassen darf, als sei es für das Epos gleichgültig, ob Katharsis eintrete oder nicht. Dies ist durchaus nicht der Fall. Was ich behaupte ist vielmehr dies: In einem Epos, wo kein Leiden ist, kann auch keine Katharsis sein; ist aber jenes vorhanden, dann kann nicht nur, sondern dann muß auch die letztere eintreten. Denn obgleich das Epos als Erzählung unser Mitgefühl nicht mit derjenigen Lebhaftigkeit erregt und in Anspruch nimmt, wie dies vermittelst der leibhaftigen Vorstellung in der Tragödie der Fall ist, so ist es doch schlechterdings nicht gestattet, die Katharsis willkürlich bei Seite zu lassen, weil durch ein solches Verfahren die Schönheit des betreffenden Heldengedichtes ebenso gründlich vernichtet würde, wie diejenige einer Tragödie. Auch ist bei der bloßen Lectüre das Mitgefühl noch immer kräftig genug, um jedes dem Helden zustoßende, ungereinigte Leid unangenehm mit empfinden zu lassen. Einen Beweis hierfür gibt die fieberhafte Spannung der Romanleser auf das schließliche Glück oder Unglück ihrer Helden.

IX.

Anwendung der Katharsis auf den Begriff der Handlung und der Einheit in der Tragödie.

Einheit und Handlung sind die zwei ersten und wichtigsten Forderungen, welche die Theorie der Kunst an die Tragödie stellt. Die Einheit ist ein unentbehrliches Erforderniß jeglichen Kunstwerkes überhaupt, und von der Wirksamkeit der tragischen Handlung überzeugt uns sofort das Gefühl, sobald wir in Rücksicht auf diesen Punkt den Eindruck zweier Tragödien von verschiedener Güte in Obacht nehmen.

Gleichwohl ist nichts so gräulich mißverstanden worden als diese beiden einfachen Forderungen. In Betreff der Einheit hat schon Aristoteles eine falsche Ansicht zu berichtigen gefunden, und hinsichtlich des Wesens der tragischen Handlung existiren noch heute die grassesten Irrthümer. Man braucht nur Kritiken und Literarhistorien zu lesen, um sich zu überzeugen, daß die dramatische Handlung Werken zu- oder abgesprochen wurde, von denen die wahre Kritik das gerade Gegentheil urtheilen würde. Man setzt den Begriff von dramatischer Handlung gewöhnlich in einen gewissen Lärm, welchen die Stücke auf der Bühne machen. Desselben Geistes sind auch die Schöpfer all der elenden Schaustücke, welche heutzutage das gewöhnliche Repertoir der Theater bilden. Haben diese möglichst viel Volk auf die Bühne geschleppt, die Schauspieler außer Athem gehetzt und die grassesten Scenenwechsel bei den Haaren herbeigezogen, dann glauben sie alles Ernstes den Gesetzen der Kunst genügt und Wunder was Schönes geschaffen zu haben.

Aristoteles und die Kunst sind aber hierüber ganz andrer Meinung. Nach diesen ist Handlung „alles das, was verändert oder weggelassen auch das Ganze verändert oder vernichtet. Denn was keinen Einfluß auf die Handlung hat, es mag gesetzt oder weggelassen werden, ist gar kein Theil der Handlung." Ferner sagt Aristoteles daß in der Tragödie die Einheit nur in der Handlung und nicht in der Person bestehe und daß die tragische Einheit enger sei, als die jedes andern Kunstwerkes.

Alle diese Sätze ergeben sich durch eine streng logische

Schlußfolgerung aus dem Begriff der Katharsis, dienen also auch umgekehrt dem Beweis für die Richtigkeit desselben. Denn die Katharsis, und mit ihr die Schönheit des Tragischen, beruht auf der Furcht, folglich muß Alles, was diese belebt oder zersplittert, entweder ein Mittel oder ein Hinderniß des Schönen sein. Belebt wird aber die Furcht durch immer neu eintretende Umstände von der Art, daß sie den Eintritt des von Anfang an gefürchteten Leides, also die endliche Entscheidung immer näher zu rücken scheinen. Da nun diese Veränderungen der Umstände und Lagen gemeiniglich Folgen von Vorfällen und Handlungen sind, so pflegt man ihnen kurzweg den Namen „tragische Handlung" zu geben, obgleich es nicht nothwendig ist, daß diese Handlungen wirklich auf der Bühne vor den Augen des Zuschauers vor sich gehen. Denn die Lage des tragischen Helden kann ihm selber und dem Zuschauer gegenüber durch Nachricht, Erzählung, Drohung, Versprechung, List, Täuschung, kurz durch Alles was ist, war, oder sein wird, vermittelst des bloßen Wortes von Grund aus verändert werden. Folglich können Stücke von sehr sparsamem Scenenwechsel und wenigen Personen die Handlung in reichlichstem Maße besitzen.

Was ferner die endliche Entscheidung näher zu rücken und die Furcht zu beleben nicht vermag, muß in der Tragödie nicht nur keine Schönheit, sondern nothwendig ein Fehler sein. Denn entweder hat es ein solches Interesse, daß es die vorher bestehende Furcht in Vergessenheit bringt und dafür die Spannung auf ein ganz anderes Leid des Helden einführt, als dasjenige ist, auf welchem die Katharsis beruht. Dann ist es der Schönheit der Tragödie, welche bloß mit diesem sich beschäftigen darf, offenbar zuwider. Folglich ruht die tragische Einheit nicht in der Person, sondern bloß in der Handlung. Oder es ist in Rücksicht auf die vorher bestehende Furcht gleichgültig, dann ist es nicht minder ein Fehler, weil es dieser gegenüber Ueberdruß und Langeweile erzeugt. Da also in der Tragödie auch so etwas nicht eingeführt werden darf, was die Furcht und die Entwickelung der Handlung nicht nothwendig fördert, so muß in ihr offenbar die strengste Einheit stattfinden, und alles, was, es mag gesetzt oder weggelassen werden, keinen Einfluß auf die Handlung hat, auch nicht Handlung sein.

Dies waren die Sätze des Aristoteles.

X.

Die epische Einheit.

Wesentlich anders ist die Sache im Epos. Das Epos hat nicht wie die Tragödie mit einem einzelnen bestimmten Vorfall zu thun, sondern mit einem Zustand. Geschieht in der Tragödie eine Heldenthat, so zeigt das Epos ein Heldenthum, einen Helden. Einen solchen aber machen erst viele Thaten, und je mehrere dergleichen er ausführt, ein desto größerer Held ist er. Folglich besteht die Einheit des Epos darin, daß es nur solche Auftritte vorstellt, worin der Held als Held erscheint, und es wird um so besser sein, je mehr derselben und je glänzendere es zeigt. Das Maß ihrer Zahl liegt in nichts anderem, als in der Rücksicht auf unser Gedächtniß. Denn wenn wir die Größe des Helden nach seinen Thaten bemessen, diese aber so zahllos aufführen würden, daß wir ebenso viele wieder vergäßen, als neue hinzukommen, so wären diese natürlich überflüssig und unnütz.

Außerdem liegen die Hauptunterschiede zwischen Tragödie und Epos noch im Folgenden:

Die hervorragenden Gefühle der Tragödie sind Mitleid und Furcht, die des Epos Staunen und Bewunderung. — Die Tragödie erweckt ihre Gefühle durch die Aussicht auf das Ereigniß, das Epos durch das Ereigniß selber. — Im Epos ist mehr ein Ringen um die Idee, in der Tragödie der Sieg derselben. — Der tragische Held ist mehr passiv, der epische immer activ. — Jener erregt das Gefühl als Einer unserer Art, dieser als Einer höherer Art.

XI.

Erklärung des XIII. Capitels der aristotelischen Poetik.

1.

Von der richtigen Beschaffenheit der tragischen Charaktere.

Ich glaube, die vorausgehenden Paragraphen in Verbindung mit dem Capitel vom Schönen würden für die Annahme, daß Aristoteles seine Katharsis gerade so und nicht anders verstanden haben müsse wie wir, hinlänglich starke Beweise abgeben, wenn auch alle weitern Anhaltspunkte fehlen würden. Und doch komme ich jetzt erst an diejenigen Stellen, welche die Sache eigentlich entscheiden und zugleich eine solche Beweiskraft besitzen, daß sie ganz allein, ohne alles das Vorausgehende eine unwidersprechliche Gewißheit zu geben im Stande wären. Was sind nun dies für Punkte? —

Wenn man die aristotelische Poetik durchliest, so findet man, daß Aristoteles an mehreren Stellen, welche von der Tragödie handeln, Mitleid und Furcht, die beiden charakteristischen Eigenschaften der tragischen Kunst, als Ursache anderer Eigenschaften derselben anführt. Er sagt z. B., weil die Tragödie Furcht und Mitleid erregen solle, so müsse auch dies oder jenes stattfinden, oder aber er nennt gewisse Umstände, deren Anwendung der tragischen Kunst sehr dienlich sei, weil sie Mitleid und Furcht zu befördern im Stande seien — kurz, Aristoteles zieht aus der Katharsis wirkliche leibhaftige Schlüsse und dies sind die Punkte, die die Frage entscheiden müssen. Denn das ist klar, wenn alles das, was Aristoteles aus der Katharsis folgert, wirklich auch als Folgerung aus unserer Auffassung desselben sich ergibt, so kann ein weiterer Widerspruch gegen diese natürlich nicht aufkommen. Nun besteht aber namentlich das ganze XIII. Capitel der Poetik durchaus nur in solchen Schlußfolgerungen aus der Katharsis, kann daher schlechterdings nicht verstanden werden, so lange man über jene nicht im Reinen ist. Man braucht sich also nicht zu wundern, wenn bei den Erklärern des Aristoteles dieses Capitel gewissermaßen in Verruf steht und zur ergiebigen Quelle einer Unzahl von ebenso lächerlichen Apologien des Aristoteles, wie von anmaßenden und absprechenden Urtheilen über die Kunstbegriffe dieses großen Philosophen geworden ist.

Wir wollen, um ja nichts zu übersehen, dieses wichtige Capitel Punkt für Punkt vornehmen und jede Forderung, jede Folgerung des Aristoteles auf das genaueste prüfen. Denn es handelt sich hier nicht bloß um unsern Beweis, es handelt sich zugleich um die Fundamentalgesetze der Tragödie, um Gesetze, von deren Beobachtung die Schönheit und das innerste Wesen des Tragischen unmittelbar abhängt.

Der erste Satz, den Aristoteles aufstellt, heißt so:

„Weil die schönste Einrichtung einer Tragödie nicht einfach sondern verwickelt sein und noch dazu Furcht und Mitleid erregen muß, was das Charakteristische einer solchen Nachahmung ist, so ist erstens offenbar, daß man vollkommen tugendhafte Personen nicht aus dem Glück ins Unglück gerathen lassen müsse. Denn dies ist weder Mitleid- noch Furchterregend, sondern gräßlich."

Gräßlich? Wenn die genannten Erklärer Recht haben, so hat sich Aristoteles gleich hier am Eingang eines heillosen Irrthums schuldig gemacht. Sie wissen ihm eine schwere Menge ganz vortrefflicher Trauerspiele an den Fingern herzuzählen, in welchen diese Forderung durchaus nicht beobachtet sei, und doch seien sie vortrefflich. O! was müßte Aristoteles gelernt haben, wenn er dieser Herren Collegia hätte besuchen können! Da ihm aber dies nicht möglich gewesen, weil er im alten Hellas und nicht im modernen, von den Strahlen hegelianischer Weisheit erleuchteten Deutschland geboren zu werden das Unglück hatte, so müssen wir eben Geduld mit ihm haben und nachsehen, wie ein so geistreicher Kopf auf einen so offenbaren Irrthum verfallen konnte.

Nun muß man hier drei Fälle unterscheiden:

Erstens wenn der Held ganz ohne alle Veranlassung ins Unglück geräth, wie z. B. wenn Pollio einen Sklaven tödtet, bloß damit die Fische Futter bekommen. — Wenn Aristoteles ein solches Schicksal nicht für tragisch, sondern für gräßlich hielt und von der Kunst wollte ausgeschlossen wissen, so werden seine Exegeten gewiß Nichts dagegen einzuwenden haben, sie müßten denn Barbaren sein und das nicht für gräßlich finden, was alle Welt dafür hält.

Der zweite Fall wäre der,- wenn ein Mensch, indem er Recht und Pflicht vertritt, eben dadurch einen Andern gegen sich aufbringt und auf diese Weise sein Unglück herbeizieht. Dergleichen Fälle ereignen sich tausendfach im Leben und ich meine, ein Jeder, der nur ein bischen menschliches Gefühl besitzt und jemals einen solchen Fall in Wirklichkeit mit ansah, wird sich des empörenden Abscheues, den er ihm erregte, noch viel zu lebhaft erinnern können, als daß er, dem Aristoteles gegenüber, die Vorstellung von dergleichen Dingen zur Hervorbringung des Schönen für tauglich finden könne. Daran ändert auch das nichts, wenn der Unterdrücker durch Irrthum im Recht zu sein glaubt, weil in diesem Fall unser Abscheu zwar vor dem Menschen sich verringern, um so mehr aber vor der Blindheit des Schicksals und dem Elend des Lebens zurückbeben würde, — ein Resultat, welches noch mehr als das vorige dem Wesen der Kunst widerstreitet. Wenn also die eine oder die andere Tragödie ähnliche Fälle sich zum Vorwurf genommen und trotzdem unsern Abscheu nicht erregt hat, so muß sie die Sache auf alle mögliche Weise verdeckt, zersplittert, oder so ledern dargestellt haben, daß die Unwahrheit und Unwahrscheinlichkeit und statt des Lebens die Bühne an allen Ecken und Enden herausschaut und dann natürlich keine Gefühle zu erzeugen vermag.

Der dritte Fall endlich müßte derjenige sein, wenn Jemand für ein Ideal zu sterben wünscht, dergestalt, daß er einen solchen Tod für sein höchstes Glück erkennt. Ein Mohamedaner, der im Kampf gegen die Ungläubigen das Paradies zu gewinnen sucht, soll das Beispiel sein. Ein solcher Fall ist allerdings nicht gräßlich, gehört aber auch nicht in die Tragödie; denn diese soll Mitleid und Furcht erregen; Mitleid und Furcht setzen aber ein Leid voraus, das den Helden trifft. Nun begegnet ihm zwar in unserm Fall ein äußerliches Unglück, da er es aber selber nicht als Leid, sondern als etwas Wünschenswerthes, als ein Glück betrachtet, so können natürlich auch wir weder Mitleid noch Furcht, also überhaupt keine tragische Empfindung haben.

Es bleiben demnach von unsern drei Fällen nur die beiden ersten Fälle übrig, diese sind aber wirklich und unzweifelhaft gräßlich und der Kunst zuwider, folglich? Folglich hat Aristoteles trotz seiner Erklärer Recht behalten.

Wenn man nun jene Ausleger fragen würde, ob sie mit dieser Entscheidung über das Gräßliche, über das $\mu\iota\alpha\varrho\acute{o}\nu$, diese ganze Stelle des Aristoteles für erklärt halten, so würden sie es ohne allen Anstand bejahen, denn ihr ganzer Zweifel dreht sich bloß darum, ob es gräßlich sei oder nicht. Wollte man dann weiter darauf aufmerksam machen, daß Aristoteles solche Fälle nicht bloß „gräßlich" sondern auch „nicht furchterregend" „$o\dot{v}$ $\varphi o\beta \varepsilon \varrho \acute{o} v$" genannt habe, so würden sie sagen, dies sei sehr einfach, denn Aristoteles habe unter dem Gräßlichen nur den höchsten Grad des Fürchterlichen verstanden, also bloß sagen wollen, dergleichen Fälle seien so sehr furchterregend, daß sie nicht mehr fürchterlich, sondern gräßlich zu nennen seien.

Dies ist grundfalsch! Aristoteles versteht unter dem Furchterregenden etwas nicht graduell, sondern wesentlich von dem Gräßlichen Verschiedenes. Gleich die unmittelbar folgenden Sätze beweisen dies auf das deutlichste. Denn hat hier Aristoteles einen solchen Begriff mit dem Worte „Furchterregend" verbunden, so ist es schlechterdings unmöglich den Widerspruch zu lösen, in welchen er gleich danach mit sich selber geräth.

Er fährt nämlich im XIII. Capitel folgendermaßen fort:

„Auch darf man", sagt er, „nicht Bösewichte aus Unglück in Glück kommen lassen, denn dies ist das Untragischste ($\dot{\alpha}\tau\varrho\alpha\gamma\iota\varkappa\acute{\omega}\tau\alpha\tau o\nu$) von allem, weil es nichts hat von dem, was es soll; denn es ist weder Philanthrophie-, noch Mitleid- noch Furchterregend."

„Ferner darf man auch nicht einen Bösewicht aus Glück in Unglück gelangen lassen, denn eine solche Einrichtung würde zwar Philanthropie-, aber weder Mitleid-, noch Furchterregend sein."

Diese beiden Sätze sind wie gesagt hinreichend um jene Ansicht über die Bedeutung des Furchterregenden vollkommen zu widerlegen. Denn daß Aristoteles sagen konnte, es sei nicht furchterregend, wenn ein Bösewicht vom Glück ins Unglück kommt, ist sehr klar, weil eben Jedermann einem solchen Menschen den verdienten Lohn wünschen und seine Bestrafung niemals für etwas Furchtbares ansehen wird. Aber das ist unerklärlich, wie Aristoteles zugleich sagen konnte, es sei auch das nicht furchterregend, wenn ein Bösewicht von Unglück in Glück komme, da man im Gegentheil meinen sollte, daß so etwas ebenso fürchterlich sei, wie wenn ein wildes Thier seinem Zwinger entkommt.

Kurz, Aristoteles müßte sich hier offenbar widersprochen haben, wenn er dem Furchterregenden diejenige Bedeutung hätte beilegen wollen, welche seine Erklärer meinen. Ich nach meiner Auslegung bin natürlich gezwungen darunter dasjenige zu verstehen, wodurch die tragische Furcht erregt wird. Denn der Schluß des Aristoteles lautet einfach so: da die Tragödie Mitleid und Furcht erregen soll, so darf dies oder jenes nicht stattfinden, weil es nicht furchterregend ist. Ist also, wie ich immer behauptete, jene Furcht die tragische, so muß sie es auch hier sein. Nun fragt sich bloß, wie wir bei dieser Auslegung mit dem Aristoteles zurecht kommen. — Hic Rhodus.

Aristoteles sagt also erstens: wenn ein Rechtschaffener aus Glück in Unglück komme, so sei keine tragische Furcht vorhanden. Man erinnert sich, daß die tragische Furcht nicht die Furcht vor dem nähern, sondern vor dem entferntern Uebel ist. In unserm Fall ist nun das nähere Uebel, nämlich das wirkliche Unglück vorhanden, aber kein entfernteres; denn eben weil der Held ganz rechtschaffen ist, also niemals ein Uebel, das wir fürchten können, veranlaßt, so kann auch dann, wenn er von jenem Unglück verschont bleibt, kein Uebel zu erwarten sein. Es fehlt also wirklich das entferntere Uebel und damit auch die tragische Furcht, so daß Aristoteles mit Recht behaupten konnte, ein solcher Fall sei untragisch, weil nicht furchterregend.

Zweitens soll nach Aristoteles die tragische Furcht auch dann nicht stattfinden können, wenn ein Bösewicht von Unglück in Glück kommt. Denn in diesem Fall wäre das nähere Uebel vorhanden. Nun beruht aber das entferntere, oder die tragische Furcht darauf, daß etwas Unangenehmes eintreten würde, wenn dieses nähere Uebel nicht einträte. Hier wäre aber gerade dann ein Unheil zu erwarten, wenn dieses nähere Uebel wirklich eintritt, d. h. wenn der Bösewicht in Glück kommt, folglich muß dieser Fall der tragischen Furcht nicht nur ermangeln, sondern ihr geradezu widerstreiten, er muß, mit andern Worten, der untragischste von allen sein. Ganz wie Aristoteles sagt.

Wenn drittens der Bösewicht von Glück in Unglück kommt, so wäre die nähere Furcht die, daß er nicht in Unglück kommt. Wo ist denn aber die entferntere?

Viertens endlich, sagt Aristoteles, könne der Fall eintreten, daß ein weder ganz guter noch ganz schlechter Mensch von Glück in Unglück komme. Diese Fälle müsse die Kunst wählen, denn sie seien mitleid- und furchterregend. Daß dies wirklich der Fall ist, ist sehr einfach zu sehen und auch in der ersten Abhandlung namentlich an Oedipus und Andern nachgewiesen worden.*)

XII.

Fortsetzung.

2.

In der Tragödie muß der Umschwung immer aus Glück in Unglück stattfinden.

In demselben XIII. Capitel thut Aristoteles zwei weitere höchst merkwürdige Aeußerungen. Die Tragödie, behauptet er, müsse den Regeln der Kunst gemäß erstens den Umschwung immer aus Glück in Unglück vollbringen, und solle zweitens einfach und nicht zusammengesetzt sein.

Beide Sätze stellt Aristoteles als unmittelbare Folgerungen aus dem Vorhergehenden auf, ohne sie näher zu erörtern. Da er nämlich nur den Fall, in welchem ein weder ganz guter noch ganz schlechter Mensch aus dem Glück ins Unglück kommt, als den der Tragödie geziemenden be-

---

*) Aristoteles untersucht also hier alle möglichen Unglücksarten und sieht nach, welche davon tragisch sind.

funden hat, so folge daraus die Wahrheit jener beiden Gesetze.
Dies ist ganz richtig, und da ich alle obigen vier Fälle vermittelst der Katharsis vollständig erklärt habe, so könnte ein wiederholter spezieller Nachweis derselben an diesen beiden Gesetzen als überflüssig erscheinen. Allein ihre vollständige gründliche Auffassung ist nicht so einfach als sie aussieht, und ich kann an der nähern Betrachtung derselben um so weniger vorübergehen, als gerade an diesen beiden aristotelischen Postulaten die Evidenz unserer Auffassung der Katharsis in größter Schärfe und Genauigkeit klar wird.

Also erstens: In jeder Tragödie muß den Regeln der Kunst gemäß der Umschwung von Glück in Unglück stattfinden.

Ich will die Fabeln, welche den Umschwung aus Glück in Unglück vollbringen, kurzweg die unglücklichen oder traurigen nennen, die andern vom entgegengesetzten Glückswechsel aber die glücklichen oder freudigen. Nun kann nichts einfacher, nichts klarer, nichts richtiger sein, als der Satz des Aristoteles, daß die freudigen Fabeln den Regeln der tragischen Kunst nicht entsprechen. Denn da einer jeden Tragödie Schönheit, Kunst und Wesen auf der Katharsis, diese hingegen auf der nähern und entferntern Furcht beruht, so muß in jeder Tragödie der Umschwung nothwendig aus Glück in Unglück stattfinden, weil, wo dies der Fall nicht ist, wohl die nähere Furcht (daß der Held im Unglück bleiben könne) aber keine entferntere, folglich auch keine Katharsis und damit auch nichts Tragisches vorhanden sein kann.

Dies ist klar! Allein hier stoße ich auf einen bösen Einwurf. Wenn nämlich das, was ich hier bewiesen, wahr ist, so kann auch der sophokleische Philoktet, eben weil er zu den freudigen Fabeln gehört, die Katharsis nicht besitzen. Ich habe aber gleichwohl eine an ihm nachgewiesen, folglich muß ich mir selber widersprochen und mich in meiner eigenen Schlinge gefangen haben.

Indeß die Sache ist so schlimm nicht, wie sie aussieht, und weit entfernt mich in Verlegenheit zu bringen, muß sie vielmehr den Beweis erst vervollständigen. Bisher nämlich setzten wir voraus, daß der Held von seinem Unglück befreit zu werden selber wünsche. Ist dies in Philoktet der Fall? Durchaus nicht, Philoktet wünscht seines Leides nicht los zu werden, er wünscht im Gegentheil durch sein eigenes Unglück an seinen Feinden sich zu rächen und will lieber das Aeußerste ertragen, als eine solche Hülfe annehmen. Da nun der Dichter, indem er das Elend desselben durch immer neu hinzukommende Uebel sich vergrößern und zuletzt bis zum Unerträglichen fortschreiten läßt, dadurch in uns die Hoffnung erweckt, den Starrsinn des Alten endlich einmal gebrochen zu sehen, so findet wirklich und unleugbar eine Katharsis in der Art statt, wie ich sie in der ersten Abhandlung angegeben habe. Obgleich also nicht alle freudigen Fabeln zu Tragödien sich eignen, so gibt es doch welche, die dazu brauchbar sind, ein Resultat, welches mit dem obigen Satze des Aristoteles ganz und gar nicht in Widerspruch steht. Man kann nämlich durchaus nicht beweisen, daß Aristoteles die freudigen Fabeln geradezu und für alle Fälle als Tragödien verworfen habe. Aus seinen Aeußerungen geht bloß so viel hervor, daß sie den strengen Regeln der Kunst nicht so präcis entsprechen, wie die traurigen. Nimmt man es also mit diesen Regeln nicht gar so genau, so müssen unter Umständen möglicherweise auch diese zu Tragödien für tauglich befunden werden können, wie ich es eben an einer Art derselben wirklich nachgewiesen habe.

Hiermit ist indeß die Schwierigkeit noch keineswegs vollständig beseitigt. Denn wenn das Vorausgehende richtig ist, wenn des Sophokles Philoktet, wenn überhaupt diejenige Art der freudigen Fabeln, in denen der Held seinem eigenen Wohlergehen widerstrebt, die vollkommene und wahre Katharsis wirklich haben können, so stößt man gleich auf die weitere Frage: warum hält denn Aristoteles die freudigen Fabeln insgesammt den strengen Regeln der Kunst nicht für angemessen? warum macht er nicht vielmehr einen Unterschied zwischen dieser Art derselben und der andern, in welchen der Held in Glück zu kommen wirklich und unbedingt wünscht?

Wenn ich hier nichts Besseres zu sagen wüßte, so würde ich mich folgender Antwort bedienen: Diejenige Art der freudigen Fabeln, würde ich sagen, in welchen die Katharsis stattfinden kann, macht nur einen kleinen Theil derselben aus, denn nicht genug, daß sie einen Helden von der angegebenen Art erfordern, sie verlangen auch die übrigen Eigenschaften in derselben oder ganz ähnlichen Weise ausgeführt, wie wir sie in Philoktet finden, kurz, sie bilden bloß spezielle Fälle, bloß einzelne Ausnahmen von der Regel, und da Aristoteles in seiner Poetik nicht Ausnahmen, sondern Regeln gibt, so ist leicht zu erklären, warum er ihrer nicht weiter gedachte.

Man könnte sich, glaube ich, mit diesem ziemlich plausiblen Grunde zufrieden geben. Gleichwohl fällt mir gar nicht ein hiervon wirklich Gebrauch zu machen. Nicht einmal als Nebengrund laff' ich ihn gelten. Ein bischen Nachdenken zeigt nämlich, daß Aristoteles auch diese Art der freudigen Fabeln den strengen Regeln der Kunst wirklich nicht für angemessen habe erkennen können. Denn obgleich sie die Katharsis besitzen, also nicht ganz untragisch sind, so tritt doch in ihnen ein eigenthümlicher Umstand hinzu, der der genauen Kunst widerstreitet.

Dieser Umstand liegt nun im Folgenden: Es ist klar, daß wenn der Held wider seinen Willen aus Unglück in Glück kommen soll, dieses Glück für ihn in Wahrheit keines ist. Auch wir können es nicht als solches erkennen, denn sollen wir den Helden nicht für einen Narren halten, so muß er uns gute Gründe angegeben haben, derentwegen er in seinem Wohlergehen sein Glück nicht erblicken kann. Wenn nun auch diese Gründe nicht der Art sind, daß sie der ruhigen, vernünftigen und unpartheiischen Betrachtung völlig genügen, so müssen sie jedenfalls hinreichend sein, die Meinung des Helden in Anbetracht der Leidenschaft, die ihn bewegt, als entschuldbar erscheinen zu lassen, kurz es müssen diese Gründe immer ein solches Gewicht haben, daß wir nicht erwarten können, der Held werde sie über Nacht aufgeben und die ihm mit Gewalt aufgedrungene Verbesserung seiner äußern Lage ohne weiteres wirklich für eine Verbesserung, wirklich für ein Glück halten. Es müßte also in solchen Stücken der Ausgang immer höchst unbefriedigt lassen, wenn man uns nicht zeigen würde, daß der Held am Ende wirklich seine Leidenschaft aufgegeben, anderer Ansicht geworden und sich selbst mit der Aenderung seines Schicksals zufrieden gefunden habe. Soll aber dies geschehen, so muß am Ende der Tragödie ein Umstand eintreten, der den Helden unfehlbar auf andere Gedanken zu bringen im Stande ist. Unfehlbar, sage ich, muß die Wirkung dieses Umstandes sein. Denn wäre dies nicht, wäre der Umstand von der Art, daß er eine Aenderung der

Gesinnung nicht nothwendig zur Folge haben muß, so würde diese, wenn sie wirklich eintritt, den früheren Gründen und der vorigen Hartnäckigkeit des Helden gegenüber entweder als lächerliche Charakterschwäche desselben, oder als Unwahrscheinlichkeit der Dichtung, oder als beides erscheinen. Ist aber jener Umstand in der That von unfehlbarer Wirkung, dann muß er nothwendig auch unerwartet sein; unerwartet dem Helden — dies versteht sich von selbst — und unerwartet dem Zuschauer. Denn wäre dies nicht der Fall, wäre der Eintritt desselben von uns vorauszusehen, also mit dem Plane des Stückes verknüpft, so würden wir während der Tragödie nicht in der Furcht sein, daß der Held seine unglückliche Lage zu verlassen vielleicht nicht bewogen wird. Diese Furcht ist aber zur Katharsis, zum Wesen der Tragödie unerläßlich, also muß auch jener Umstand wirklich immer außerhalb des künstlerischen Planes der Fabel liegen. Mit andern Worten, in solchen Fällen kann die Auflösung des Knotens niemals aus der Fabel selbst, sondern immer nur durch einen Zufall, durch eine Maschine erfolgen. Dies ist aber seinerseits den strengen Regeln der Kunst, wie sie sich auf den ersten Blick und aus den ausdrücklichen Forderungen des Aristoteles im XV. Capitel der Poetik ergeben, durchaus zuwider, folglich ist auch diese Art der glücklichen Fabeln keine Ausnahme, sondern die vollkommene Bestätigung des obigen allgemeinen Urtheils unseres Philosophen.*)

Hieraus ergibt sich zugleich, daß die Anwendung des Deus ex machina im Philoktet kein Fehler in der künstleri-

---

*) Man erwäge diese Schlüsse und den Antheil, den der Begriff der Katharsis daran hat, auf das genaueste.

schen Behandlung des Sophokles ist, sondern daß dieser Mangel in der Natur des Vorwurfs selbst liegt, von welcher diese Art der Lösung die nothwendige Folge und unter allen möglichen andern die beste ist. Sophokles hat seinen Stoff mit all der Kunst ausgeführt, deren er als **tragischer** Stoff seiner Natur nach nur immer fähig war.

XIII.

Fortsetzung.

3.

Die Fabel soll einfach und nicht zusammengesetzt sein.

Der zweite Satz des Aristoteles läßt sich vermittelst des Begriffs der Katharsis ebenso strict und genau erklären, wie der erste. Ihm zufolge soll **den strengen Regeln der Kunst gemäß die Fabel immer einfach und nicht zusammengesetzt sein.** Unter zusammengesetzten Fabeln versteht nämlich Aristoteles diejenigen, in welchen ein Rechtschaffener aus Unglück in Glück und zugleich ein Ungerechter aus Glück in Unglück kommt. Diese Fabeln, sagt er, nähmen in der Kunst den zweiten Platz ein, obgleich ihnen Einige den ersten einräumten. Es erkennt sie also Aristoteles als Tragödien an, aber als Tragödien von minderer Güte.

Sonach muß ich wieder beweisen, daß zwar hier immer eine Katharsis statt hat — denn fände sie sich nicht oder nicht immer, so hätte Aristoteles jene auch nicht allgemein als Tragödien anerkennen können — daß aber die Katharsis, wie sie hier auftritt, von minder guter Art sein müsse wie die, welche sich in einfachen Tragödien findet.

Nun ist in solchen Fabeln die nähere Furcht vorhanden, nämlich die Furcht, daß den Ungerechten, der zwar Unrecht thut, aber dennoch, weil er nicht aus Ruchlosigkeit, sondern aus Leidenschaft und menschlicher Schwäche fehlt, unser Mitgefühl in Anspruch nimmt, ein schweres Unglück treffen wird. Auch die Furcht vor dem entferntern Uebel ist da, weil wir fürchten, daß wenn den Ungerechten sein Unglück nicht treffen würde, die Rechtschaffnen in dem ihrigen verbleiben müßten. Da nun also in allen solchen Fabeln die nähere Furcht sowohl als auch die entferntere auftritt, so besitzen sie auch sämmtlich die Katharsis, sind demnach insgesammt tragisch.

Nun fragt sich also weiter, ob und warum diese Katharsis wirklich minder gut sei, als die der einfachen Fabeln. Wenn man diese letztern betrachtet, so findet man auf der einen Seite die vernünftige Weltordnung — ich will sie kurzweg Idee heißen — auf der andern dagegen einen Menschen, der sie verletzt oder zu verletzen droht. Obgleich nun ein solcher Mensch gegen dasjenige frevelt, was ich für das Höchste halte, so folge ich doch mit großer und lebhafter Theilnahme der Entwickelung seines Geschickes. Warum? Antwort: einfach deßwegen, weil ich schweres Unheil über ihn hereinbrechen sehe, wodurch die Idee zwar gerettet, ein Mensch aber in tiefes Leid gestoßen wird. In der einfachen Fabel ist es also die Menschlichkeit, welche in mir mit der Idee ringt und durch

dieses Ringen das Schöne in öfter beschriebener Weise hervor=
bringt. Mit andern Worten: in der wahren und ächten
Katharsis steht das Menschlichkeitsgefühl immer auf der der
Idee entgegengesetzten Seite, und umgekehrt, nur wenn es
der Idee gegenüber steht, ist die Katharsis ächt.

In der zusammengesetzten Fabel dagegen verhält sich die
Sache ganz anders. Denn hier ist nicht mehr wie vorhin,
von der abstracten Idee die Rede, hier erscheint sie vielmehr
selber von Menschen, nämlich von den Bedrängten vertreten
und getragen. Folglich steht unser Menschlichkeitsgefühl eben=
so gut auf der einen Seite, wie auf der andern, und da dort
nebst der Bedrängniß noch überdies die Idee oder das Recht
sich findet, so wird auf jener Seite unser Menschlichkeitsgefühl
von solchem Uebergewicht sein, daß das auf der andern Seite
dagegen fast verschwindet. Kurz, es ist hier das Menschlich=
keitsgefühl ganz oder zum größten Theil auf der Seite der
Idee, folglich kann die richtige Katharsis hier nicht vorhanden
sein, weil, wenn sie vorhanden wäre, jenes Gefühl auf der
andern Seite stehen müßte.

Man kann diesen Schluß auch so formuliren: Da wir
das Unglück und das Recht beisammen sehen, so wird über
der Furcht vor dem Verbleiben dieses Zustandes die andere
Furcht vor dem den Ungerechten treffenden Unglück dermaßen
zurücktreten, daß sie ganz abgeschwächt und fast verschwindend
erscheint, daß folglich eine solche zusammengesetzte Fabel immer
mehr oder weniger denjenigen einfachen sich nähert, in wel=
chen bloß ein Umschwung aus Unglück in Glück vorkommt,
die eben deßhalb bereits im vorigen Paragraph als untragisch
nachgewiesen wurden.

Dies ist die vollständige, genaue und entschiedene Erklärung des verrufenen XIII. Capitels der aristotelischen Poetik. Wie einfach und nothwendig ergibt sich Alles bis auf die kleinste Kleinigkeit aus dem Begriff der Katharsis, und welch gute und unumstößliche Gründe hatte Aristoteles für jene Folgerungen, derentwegen man ihn beinahe für einen wunderlichen Grillenfänger anzusehen geneigt war. Und hierzu haben seine Erklärer keinen kleinen Theil beigetragen. O diese Erklärer! daß sie doch den Aristoteles überall zu tadeln finden und ihn gleichwohl der Erklärung für werth halten!

XIV.

Schluß.

Will man noch weitere Beweise? Es soll mir auf ein paar nicht ankommen. Aehnliche Schlüsse nämlich, wie im XIII. Capitel, zieht Aristoteles noch an zwei andern Orten der Poetik aus dem Begriff der Katharsis, oder zunächst aus dem von Mitleid und Furcht. Die eine von beiden Stellen steht im XI., die andere im IX. Capitel. Sie sind ebenfalls besonders präciser Natur und erfordern eine bis auf die Sylbe hinauslaufende Genauigkeit der Erklärung. Also bitte ich den Leser noch einmal seine Aufmerksamkeit zusammenzunehmen.

Im XI. Capitel redet Aristoteles von der tragischen Handlung (πράξις) d. i. von den Vorfällen in der Tragödie. Als solche nennt er erstens die Peripetie oder Glücksänderung, zweitens die Erkennung, drittens das Leid, und behauptet, die schönste Art der Erkennung sei diejenige, welche mit der Glücksänderung verbunden ist, wie im Oedipus. Denn sie sei in Ansehung beider, der Fabel sowohl wie der Handlung, die vorzüglichste, „weil eine mit der Glücksänderung verknüpfte Erkennung Mitleid oder Furcht erweckt."

Oder sagt Aristoteles, er sagt nicht: Und; folglich müssen die mit der Glücksänderung verbundenen Erkennungen doppelter Art sein können. Ein Theil derselben muß so beschaffen sein, daß er in Bezug auf die Handlung, auf den Vorfall, auf die Erkennung vornehmlich das Mitleid erregt, während bei den andern dasselbe mit der Furcht geschieht.

Welches sind nun diese beiden Arten? Die erstere ist, um es kurz zu sagen, diejenige, in welchen die Erkennung unerwartet eintritt, wobei natürlich die Furcht nicht, umsomehr aber das Mitleid belebt wird, beides, eben weil sie unerwartet eintritt. Dies geschieht z. B. im König Oedipus. Indem Aristoteles diese Tragödie citirte, hat er offenbar jene herrliche und erschütternde Wendung gemeint, wo Jokaste, indem sie ihren Gemahl trösten und überzeugen will, daß er nicht der unbekannte Mörder des Lajus sei, unter andern einen Grund vorbringt, durch den gerade die erste schreckliche Gewißheit in die Seele des Oedipus geschleudert wird. Oedipus fängt an sich als den Unbekannten und als denjenigen zu erkennen, über welchen er gerade zuvor auf Geheiß des Gottes den schauerlichen Fluch und die Verstoßung aus dem Vaterland feierlich ausgesprochen hatte. Offenbar ist hier

Erkennung und Glücksänderung mit einander verknüpft, und da ich diese nicht erwarte, so kann natürlich keine Furcht, keine bangende Spannung darauf stattfinden, wohl aber wird eben durch das Unerwartete das Mitleid um so reger werden.

Die andere Art machen diejenigen mit der Glücksänderung verbundenen Erkennungen aus, deren Eintritt der Dichter durch die Verknüpfung der Begebenheiten und die Entwickelung der Handlung dem Zuschauer zum Voraus schon errathen, fürchten läßt. Diese Art hat demnach in Bezug auf die Handlung eine Erregung der Furcht, aber keine des Mitleids zur Folge, weil das hier stattfindende Mitleid nur auf dem Unglück selbst, nicht aber auf der Art beruht, wie es eingeführt wird.

Folglich erregen solche Erkennungen wirklich in Bezug auf sich selber, d. i. auf die Handlung, entweder Mitleid oder Furcht, und da eine tragische Handlung um so schöner ist, je mehr sie unsere Empfindungen erregt, so müssen nothwendig die mit der Glücksänderung verbundenen Erkennungen unter allen die schönsten sein.

Also ist der Beweis des aristotelischen Satzes fertig.

Fertig? Wirklich fertig? Noch lange nicht. Was habe ich bewiesen? Ich habe bewiesen, daß solche Erkennungen die vorzüglichsten seien in Bezug auf die Handlung. Aristoteles aber hat mehr behauptet. Nicht nur in Ansehung der Handlung, sagt er, sondern auch in Rücksicht auf die Abfassung der Fabel seien sie die besten.

Worin besteht nun die Vollkommenheit der Fabel? — Gerade so wie die vorgenannte Einrichtung der beiden ersten Arten der tragischen Handlung, nämlich der Peripetie und der Erkennung dadurch, daß sie in Betreff dieser Handlungen die gehörigen Empfindungen möglichst zu erregen fähig ist, die schönste genannt werden muß, ebenso ruht auch die Schönheit der Abfassung der Fabel in der möglichst starken Erregung des tragischen Gefühls in Bezug auf den dritten Punkt der Handlung, auf das Leiden. Folglich ist die Abfassung einer Fabel um so besser, je mehr sie mein Interesse, meine Spannung, meine Furcht in Bezug auf den endlichen Ausgang des Stückes zu erregen und immerfort zu steigern versteht. Nun ist leicht zu zeigen, daß Erkennungen der genannten Art in dieser Hinsicht von vorzüglicher Wirksamkeit sein müssen. Denn die erwarteten, mit der Glücksänderung verknüpften Erkennungen erregen, wie gesagt, schon in Bezug auf sich selber, folglich eo ipso in Rücksicht auf das schließliche Leid oder die endliche Entscheidung, unsere Furcht in besonderm Grade.

Der Nachweis, wie eben dasselbe auch bei den unerwarteten der Fall sei, gibt zugleich die Erklärung der andern wichtigen Stelle, die sich im IX. Buche findet. Hier redet nämlich der Philosoph von der Abfassung der Fabel, wobei er unter anderm sagt: „Die Tragödie hat nicht bloß die Nachahmung einer vollständigen Handlung zur Aufgabe, sondern auch Mitleid und Furcht. Diese aber werden am größten und um so größer, wenn sie wider Erwarten, Eins durch das Andere, eintreten."

Dies ist nun in der nämlichen Stelle des Oedipus und überhaupt in Fabeln von unerwarteten mit der Glücksänderung verbundenen Erkennungen wirklich der Fall, weil eine solche Erkennung durch ihre Plötzlichkeit das Mitleid, die Theilnahme besonders erregt und hierauf durch diese in der Erkennung gesteigerte Theilnahme natürlich die Furcht vor der letzten Entscheidung, hierdurch aber, nämlich vermittelst der

Furcht, wieder rückwärts das Mitleid über die Erkennung, oder wie Aristoteles sagt, eins durchs andere, erwecken und steigern muß.

Jetzt ist die Erklärung wirklich fertig. Wollte man unter der Furcht, wie die Moralisten thun, die Furcht für uns selber oder überhaupt etwas andres verstehen, als die Spannung auf das Leid, so könnten diese Stellen schlechterdings nicht erklärt werden.*)

Zum Schluß noch eine Bemerkung. Man erinnert sich, daß ich gegen Lessing den Einwurf vorbrachte, es müsse, wenn seine Auffassung der Katharsis die richtige sei, die ganze Poetik des Aristoteles nichts nutz sein, weil, wenn die Katharsis darin bestehe, daß die gewöhnliche Leidenschaft durch eine gewisse künstlerische gereinigt werde, Aristoteles vor allem habe lehren müssen, wie diese künstliche Leidenschaft selber zu Stande komme, was aber mit keiner Sylbe geschehe. — Es ist vielmehr ein ganz anderer Punkt, der dem Aristoteles von solcher Wichtigkeit geschienen, daß er beinahe drei Viertheile seiner Poetik bloß auf dessen Auseinandersetzung verwendet. Was ist dies für ein Punkt? — Lessing selbst gibt hierauf Antwort da er sagt: „Nichts empfiehlt Aristoteles dem tragischen Dichter mehr, als die gute Abfassung der Fabel, und nichts hat er ihm durch mehrere und feinere Bemerkungen zu erleichtern

---

*) Ich bitte noch einmal alle meine Schlüsse auf das genaueste zu erwägen. Habe ich den Sinn des Aristoteles nur um eines Haares Breite verfehlt, so mache ich gar keinen Anspruch auf die Erklärung dieses Philosophen. Habe ich aber eine ganz genaue Auslegung gegeben, so soll man mich nicht mit so albernen Bemerkungen incommodiren, dergleichen gegen meine Auslegung von der aristotelischen Definition des Mitleids gemacht worden sind. Sonst — qui me commovit flebit... —

gesucht, als eben diese." Also die Abfassung der Fabel! Was mußte aber nach unserm Begriff der Katharsis Aristoteles vorzüglich behandeln. Ebenfalls die Abfassung der Fabel. Folglich? — —

Auch fallen hiermit alle übrigen Vorwürfe hinweg, die man in Bezug auf Anordnung und Abfassung der aristotelischen Poetik hat machen wollen. Bekanntlich versuchte man sogar die aus dem Alterthum überlieferte Ordnung der einzelnen Capitel ohne weiteres zu ändern. Es hat aber die neue Ordnung nichts weiter gezeigt, als daß ihr Urheber eine keineswegs richtige Einsicht in den wahren Sinn der aristotelischen Poetik gehabt habe. An der Ordnung des Aristoteles läßt sich nicht einmal ein Satz, geschweige denn ein Capitel verändern. Alles was man in Bezug auf die Poetik von einer nicht genügenden Sorgfalt der Ausarbeitung, von Ungenauigkeit, Oberflächlichkeit und von einem bloßen Hinwerfen einzelner Gedanken dem Aristoteles hat in die Schuhe schieben wollen, ist eine einfältige Faselei. Die Poetik ist ein ebenso wohl geordneter, ebenso scharf durchdachter, ebenso genau ausgedrückter Kanon der Kunst, wie die Geometrie des Euklid einer der Wissenschaft ist. Was kann Aristoteles dafür, daß ihn seine Erklärer mißverstanden? Er spricht ganz präcis und deutlich. Kurz ist er, das ist wahr, sehr kurz, aber dunkel ist er niemals. Nicht Seine, sondern Unsere Oberflächlichkeit ist der Grund all der zahllosen Mißverständnisse. Auch gibt nicht die Gelehrsamkeit den Schlüssel zum richtigen Verständniß dieses Mannes, sondern bloß — bloß das Nachdenken. Wie viele gelehrte Herren glauben den Aristoteles gelesen zu haben; sie haben aber bloß im Aristoteles gelesen.

———

Bemerkung zur ersten Abhandlung.

In der ersten Abhandlung pag. 40, §. 27, ist durch Auslassung eines Wortes ein äußerst störender Druckfehler vorgekommen. In Zeile 10 von oben muß es nämlich statt: „Furcht," heißen: „Furcht davor" oder „Furcht vor diesem Leid." — Ueberhaupt werden die letzten zwei Zeilen dieses wichtigen Paragraphes deutlicher und genauer in folgender Fassung sein:

— — und die Furcht: denn weil es süß ist ein solches Leid zu sehen, vermindert, erleichtert, versüßt sich die Furcht vor diesem Leid. — Und umgekehrt.

Der Verfasser.